南京文献精编

白下琐言

（清）甘熙 撰

点校 邓振明

南京出版传媒集团
南京出版社

图书在版编目（CIP）数据

白下琐言 /（清）甘熙撰 . -- 南京 : 南京出版社，2024.6

（南京文献精编）

ISBN 978-7-5533-4679-3

Ⅰ . ①白… Ⅱ . ①甘… Ⅲ . ①笔记—中国—清代—选集②南京—地方史—史料 Ⅳ . ① Z429.49 ② K295.31

中国国家版本馆 CIP 数据核字（2024）第 053926 号

总 策 划 卢海鸣

丛 书 名 南京文献精编
书　　名 白下琐言
作　　者 （清）甘熙
出版发行 南京出版传媒集团
南 京 出 版 社

社址：南京市太平门街 53 号　　邮编：210016
网址：http://www.njcbs.cn　　电子信箱：njcbs1988@163.com
联系电话：025-83283893、83283864（营销）　025-83112257（编务）

出 版 人 项晓宁
出 品 人 卢海鸣
责任编辑 卢海鸣
装帧设计 王　俊
责任印制 杨福彬

排　　版 南京新华丰制版有限公司
印　　刷 南京新洲印刷有限公司
开　　本 890 毫米 ×1240 毫米　1/32
印　　张 6.5
字　　数 124 千
版　　次 2024 年 6 月第 1 版
印　　次 2024 年 6 月第 1 次印刷
书　　号 ISBN 978-7-5533-4679-3
定　　价 40.00 元

用微信或京东APP扫码购书

用淘宝APP扫码购书

总　序

南京是我国著名古都，有近2500年的有文献记载的建城史、约450年的建都史，素有“六朝古都”“十朝都会”之誉。南京也是文化繁盛之地，千百年来，流传下来大量的地方文献，题材多样，内容丰富，这些文献是研究南京政治、经济、军事、文化、科技、外交和民风民俗的重要资料，是中华优秀传统文化的重要组成部分。做好历史文献的整理出版工作，深度挖掘传统文化资源，不仅有利于传承、弘扬南京历史文化，提升南京美誉度，扩大南京影响力，也有利于推动物质文明、政治文明、精神文明、社会文明和生态文明协调发展。

长期以来，大量的南京珍贵文献散落在全国各地的图书馆和民间，许多珍贵的南京文献被束之高阁，无人问津，有的随着岁月的流逝而湮没无闻。广大读者想要查找阅读这些散见的地方文献，费时费力，十分不便。为继承和弘扬好这一祖先留给我们的宝贵文化遗产，从2006年开始，南京出版社与南京市地方志编纂委员会办公室等单位通力合作，组织专家学者搜集南京历史上稀有的文献，将其整理出版，形成“南京稀见文献丛刊”。“南京文献精编”

就是从“南京稀见文献丛刊”中精心挑选而成，题材包括诗文、史志、实录、书信、游记、报告等，内容涵盖历史、地理、政治、经济、军事、文化、教育、宗教、民俗、陵墓、城市规划等方面，全方位、多视角地展示了南京文化的深层内涵和丰富魅力。

“睹乔木而思故家，考文献而爱旧邦。”我们希望通过这套“南京文献精编”丛书的出版，满足人民群众多层次、多方面、多样化阅读需求，打造代表新时代研究水平的高质量南京基础古籍版本，为推进中国式现代化南京新实践提供精神动力。

“南京文献精编”编委会

导读

《白下琐言》为清代著名学者、方志学家甘熙所著。书中自六朝以往旧事直至嘉道年间南京大街小巷历史沿革、典故、山水脉络、水文地质、乡老遗文轶事，无所不收集于内，以至成为研究清中晚期南京历史、地理、民俗、城市规划等的重要参考资料。

《白下琐言》原八卷，后又续二卷，共十卷，道光年间问世，光绪中叶由傅崧生刊行后在全国范围内广为流传。1912年4月至1927年3月，各路军阀角逐金陵，南京政权频繁更迭，政局动荡，《白下琐言》也在动荡中失踪。所幸甘熙侄孙甘铉文友陈荣后来竟在旧书肆发现有叫卖《白下琐言》版片的。甘铉几经周折收回了这些珍贵的版页，所惜仍缺十八页之多。于是，甘铉请人补刻，使之完整，终于丙寅年(1926年)六月复原其初。此次点校《白下琐言》用的就是此版。这些版页原来一直收在南京甘熙故居大板巷42号四进楼上；甘铉去世后，又交于九五房甘贡三藏于南捕厅15号五进楼上。1951年，甘氏家族迁出故居时，将版页连同古籍图书存放于龙蟠里国学图书馆内，由当时的金馆长接收。据已故原江苏省文化厅戏曲报总编甘氏后人甘桂先生说，他后来在扬州广陵书局发现了全套版页。

甘熙（1798~1852年），字实庵，号石安居士，道光十八年（1838年）进士，官至礼部仪制司、户部广东司道员。他是晚清南京著名文人、藏书家、地方志专家，精于金石之学，擅长勘舆星相之术，潜心读书，勤事撰述，在撰写《白下琐言》的同时，还与文友金鳌、朱绪曾等共同收集乡邦文献，撰写了《日下杂识》十四卷、《桐阴随笔》十二卷、《重修灵谷寺志》十四卷……为六朝古都南京古城留下了一份份极为珍贵的文史资料。南京人民感念他，故在省市文保单位命名时，将他的居所定名为“甘熙故居”。

南京市民俗博物馆也以甘氏宅第为址。1995年，“甘熙故居”从市级文物保护单位提升至省级文物保护单位；2006年，国家文物局经报国务院批准，公布为第六批全国重点文物保护单位，并正名为“甘熙宅第”。《白下琐言》的撰写与刊版散失后又得以补刊复原的过程都是由甘氏族人在甘熙宅第完成的。

金陵甘氏是江南望族。明万历中叶始，甘氏族人的一支从小丹阳甘墓岗迁至江宁城内金陵城南南捕厅一带，至今已繁衍了十代人。甘熙宅第，周围数里厅堂房屋300余间，黛瓦粉垣，雕梁画栋，花木扶疏，庭院深深。宅中“津逮楼”藏书10余万卷，现藏于北京图书馆内的国宝宋赵明诚原版《金石录》即为其一。可惜“津逮楼”于咸丰三年毁于太平天国兵火。

甘氏祖先甘茂、甘罗、甘宁、甘述、甘昌、甘卓等都是历代名人:甘茂是战国秦丞相,甘宁是三国吴折冲将军,甘述是三国吴尚书,甘卓是晋梁州刺史。据考证,炎帝神农第十子奔羊与十二子祝梨当年在甘肃一带掌管事务。为了表示兄弟共管之意,他们将“十”加上“十二”造出“甘”字。甘字正是由廿二组成。是什么维系了甘氏长达几千年的族脉?甘氏族人总结了二个字:“友”、“恭”。甘氏宅第的老堂号即名为“友恭堂”。

“友恭”源自《三字经》,寓意兄友弟恭,各自谦让、奉献。甘氏族人都将“友恭”精神奉为治家、处世、行止的准则,造就、教化出一代又一代学有所长,气质儒雅,爱家乡、爱祖国的后世子孙。《白下琐言》的撰写与复刊就是其中的一个例证。《白下琐言》不仅是一本地方志经典,还是一本劝善惩恶、有裨于风化的传统道德教育读本,集中表现了伟大的民族精神、民族感情与民族智慧。没有甘氏家族牢固的“友恭”传统,《白下琐言》是不可能成为这样一本综合性极强的巨著的。

本书由邓振明先生负责点校,笔者与袁裕陵先生协助校对。在校对过程中,参校了光绪十六年筑野堂原本和1926年甘补刊版。为了便于读者阅读,我们特地编制了目录。本书出版后,卢海鸣先生、程章灿先生、陶凯先生提出了许多宝贵的修改意见，张实先生审读了修改过的整部书稿，在此特向他们表示感谢！

尹晓华

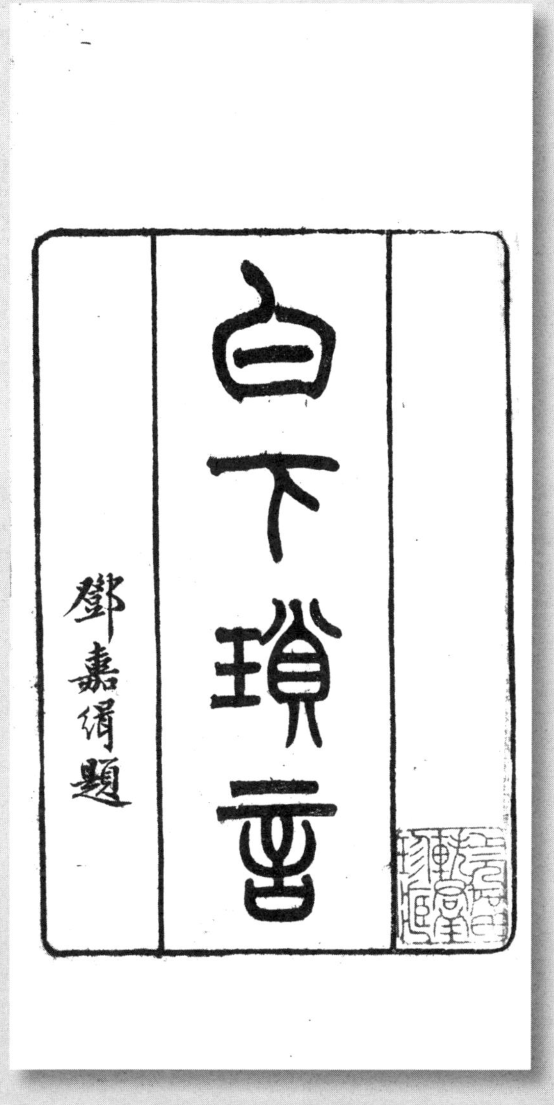

清光绪十六年刻《白下琐言》书影

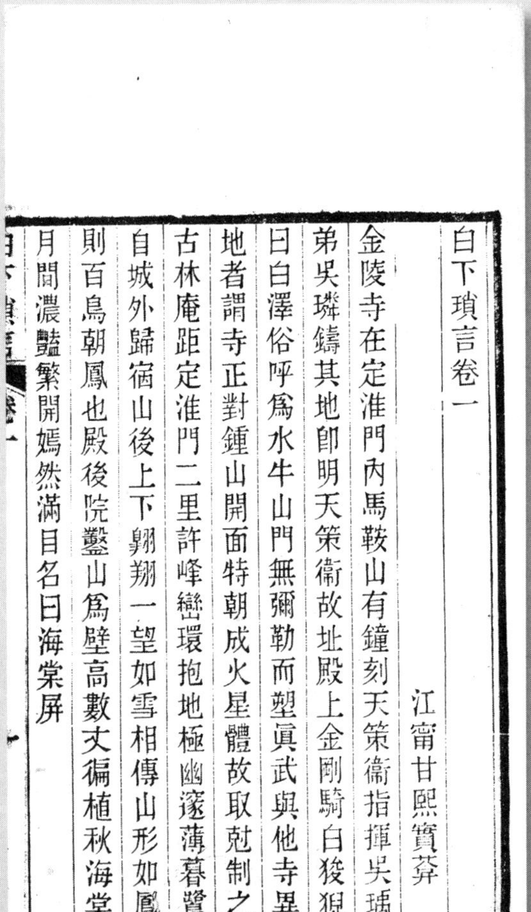

白下瑣言卷一

江甯甘熙實菴

金陵寺在定淮門內馬鞍山有鐘刻天策衛指揮吳瑀及弟吳璘鑄其地即明天策衛故址殿上金剛騎白狻猊亦曰白澤俗呼爲水牛山門無彌勒而塑眞武與他寺異相地者謂寺正對鍾山開面特朝成火星體故取尅制之義

古林庵距定淮門二里許峰巒環抱地極幽邃薄暮鷺鷥自城外歸宿山後上下翱翔一望如雪相傳山形如鳳此則百鳥朝鳳也殿後院鑿山爲壁高數丈徧植秋海棠八月間濃豔繁開嫣然滿目名曰海棠屏

清光绪十六年刻《白下琐言》书影

序

钟仪识乐，为歌南风，七子赋诗，不出郑志。此非必怀土之情以生于斯、习于斯。某水某山夙所游钓，乃祖乃父旧有闻知。地属乡井则闻见较真，时非久远则流传可据，有所著述迥异乎郢书燕说焉。吾乡为六朝名胜之区，前人记载有关于一方之掌故者，如前明顾文庄《客座赘语》、周吉甫《金陵琐事》、陈鲁南《金陵世纪》，国朝张白云《金陵私乘》、刘莪崖《白下余谈》、陈古渔《金陵闻见录》等书，坠简单辞皆资考证。顾风土人情，恒数十年而一变，非有心者随时收拾，续为编摩，恐无以绍前徽而贻后进。甘石安仪部家多藏书，网罗事迹，自嘉庆中年以迄于兹，编成《白下琐言》八卷，轶事旧闻，开卷斯在。异日贤守令重修志乘，征文考献，必将有取于是书。予籍隶上元，而少长于外，中间为诸生十年，居金陵差久。既而四方于役，近则薄宦春明。然江南最好思萦梦寐，《诗》曰："维桑与梓，必恭敬止。"展君斯帙，辄令人神往于三山二水间也。道光二十七年孟夏，同里姻愚弟方俊谨叙。

题　诗

上元梅曾亮伯言题诗：

君家藏卷过三万，得取图经自讨论。偶为金陵增琐事，如从石室订方言。真长免使惊吴语，介甫应难改谢墩。十载乡风如梦寐，客窗喜藉一编温。

兄煦哭弟诗七首：

余母弟四人，君行居其仲。叔季皆蚤世，朝夕尔我共。幼时入家塾，诗书相讲诵。癸酉同游泮，双璧一时颂。辛巳开恩科，我误副车中。尔屡膺鹗荐，文中称鸣凤。赏识诸宗工，拔萃未及贡。丁酉登贤书，龙尾竞推重。明年捷南宫，乃以知县用。余亦以校官，俸满列保送。作令在亲民，才德必迈众。病民即误国，念兹心焉恫。先人昔有训，内省深自讼。相与奉高堂，不为风尘封。高吟五柳居，同结池堂梦。

岁在壬寅夏，海氛扰不靖。君以保卫庸，郎官擢薇省。三载厕仪制，考最列殊等。转为农部迁，粤东占首领。兼摄云南司，条理尤井井。钩稽算无遗，度支筹有准。大官相倚重，僚友共行景。天子闻声名，召见渥恩永。垂问家世殷，天语日星炳。繁守用记名，小臣抑何幸。夙夜以从公，冰兢益自警。

先人耽地学，四十余年久。尝以大事训，送死此其首。非为利达谋，非为子孙厚。殁者得所安，生者庶无负。不然弃尸同，砂飞而水走。于心能安乎，君子慎所取。昔与尔随侍，登临问某某。口讲而指画，不惮大小扣。研究郭氏经，雪心与细剖。龙经证撼疑，犀精诚不朽。令通记寻龙，管见尤地纽。凡兹善本传，一扫邪说莠先大夫校正地书甚多，以此数种尤为扼要付刻。其他伪托文，实为射利薮。五患失弗谖，三多永兹守。非有识鉴真，鲜不误庸手。

印维长白山，列祖所发祥。圣圣递相绍，万年有道长。载缅东西陵，规模森堂皇。泰陵太平峪，佳气弥郁苍。君奉圣人命，相视昌陵冈。望仙卜吉壤，孝和梓宫藏。天子奖厥庸，恩遇尤非常孝和睿皇后昌西陵工，上以择选微劳，奉旨以道员用。复命视吉地，寒暑毋敢遑。成子有胜峪，龙势殊轩昂。雾灵为起祖，苇子过峡强。黄花展帐幕，杏花开穴场。北辰踞水口，盘龙敞明堂。题曰双华岫，御笔何煌煌道光初，宣和成皇帝临幸此地，天颜大喜，以“双华岫”三字名之。前后相印证，苇基诚兹良。言虽人人殊，龃龉多荒唐。要之云雾翳，不掩日月光。睿鉴自有真，高深焉能量。去年寄书至，为我言之详。但不负所学，竭尽忠荩肠上以奉安慕陵，顺赴西陵复勘。诸臣所视各地，多未惬意。盖圣心自有在焉。

自君之出矣，于今阅十载。一月一寄书，千里寸心在。勉以报国恩，慎勤无少怠。欲淡心自清，精疲气斯馁。年来闻善病，形容渐委猥。年甫五十六，齿脱鬓毛改。国用筹维艰，军饷虑难解。吉地重大关，心力益罢骀。每望休暇归，陟冈日夕待。不期十月交，一病遂至殆。凶问忽北来，魂飞战摇腿。何无一言遗，杳然脱尘海。

平生爱著述，长自手一编。赏奇与析疑，姜被床相联。尤嗜金石学，考订心力专。三代秦汉下，钟鼎刀剑泉。凡有题咏者，探讨穷丹铅。几案累数尺，力疾犹钻研。其他杂纪载，本本而元元。相将理残帙，异日成雕镌。没世不称名，君子恒耻焉。掩泪视残墨，君其千秋传弟著有《金石题咏汇编》四十八卷，《白下琐言》八卷，《日下杂识》十四卷，《桐阴随笔》十卷，《寿石轩诗文钞》四卷，皆未刻。《重修灵谷寺志》十二卷，《忠义孝悌词传赞》四卷已刻。

天伦性最笃，庸德行不苟。内外无闲言，忍默以自守。处事务安详，待人秉忠厚。频年值水灾，拯济遍泽薮。筹办救生船，经营埋胔阜。恤孤育婴孩，敬节惠嫠妇。祠祀崇先贤，表章重孝友。见义靡弗为，力行要诸久。积厚必流光，修仁宜获寿。胡昊天不吊，中岁厄阳九。昨闻被豸服，荣遇倾朝右。五术以观风，简在知非偶。讵料恩纶宣，乃值舍敛后弟没三日后，蒙恩有浙江运司之命廷臣复奏，上为之叹惜者久。生荣死愈哀，官高禄莫受。诸侄幸长成，家声期无负。吾壮不如人，今且成老朽。何为乎独生，不及汝携手。迢迢望都门，雪积北风吼。灵輀何时归，泪泚重搔首。

目　录

卷　一

金陵寺在定淮门内马鞍山，有钟刻，天策卫指挥吴瑀及弟吴璘铸。其地即明天策卫故址。殿上金刚骑白狻猊，亦曰白泽，俗呼为水牛。山门无弥勒而塑真武，与他寺异。相地者谓寺正对钟山开，面特朝成火星体，故取克制之义。

古林庵距定淮门二里许，峰峦环抱，地极幽邃。薄暮，鹭鸶自城外归宿山后，上下翱翔，一望如雪。相传山形如凤，此则百鸟朝凤也。殿后院凿山为壁，高数丈，遍植秋海棠，八月间，浓艳繁开，嫣然满目，名曰海棠屏。

宁壂，字仙磐，上元人。善作竹器、几杖、盘盂、文玩之属，雕镂曲尽其妙。乾隆间入贡，声噪一时。近代传者绝少，价值甚昂，谓之“宁雕”。内兄周伟奇有扇数柄，制造精工。予家藏斑竹笔筒及界尺、扇骨、笔阁数事，皆有款识。近复得一白寿山石瓦纽印章，光泽如玉，镌“看山对景君思我”七字，阴文；侧作楷书“辛卯冬日为孚园先生篆仙磐宁壂”十四字，古雅绝伦，又不独竹器之擅场矣孚园先生俟考。

张井，字铁耕。尴尬不羁，善镌印章，笔力坚卓，法垢道人遗意。予家图印半出其手。家贫，无妻子。居破布营，敝庐数椽，仅蔽风雨，处之晏如也。好饮，有所得必谋一醉，或为诗亦落落不俗。其署门语云：“取法在秦汉以上；放怀于诗酒之间。”

饶曙，字爽轩，上元诸生。善行草，法过庭书谱，遒劲古拙，脱然埃壒之外。年老家贫，卖字以自给。精鉴赏，金石书画一见瞭然，苦耳聋，与人问答必书以达意。性耿介，取与不苟，处屡空之境自若也，年及七十而终。与家大人友善，恒来予家，谈论娓娓，辄至夜分不倦云。

东花园苑家桥，乃国初时守园苑老所居，俗讹为晏，非也。危堤一曲，小屋数楹，窗闼洞开，篱垣周匝。当春光浓冶，鼠姑盛开，足揽东园之胜。旧有酒肆，山肴野蔌冠绝一时，游者必就饮焉。道光癸未大水后，屋宇倾颓，花木凋谢，当年风景消歇无存。朱述之大令绪曾《东园杂句咏》云："东风吹绿王孙草，一角桥西苑老家。"纪实也。

顾华玉尚书，处前明全盛之时，享园林钟鼓之乐，为江左风流第一。从弟英玉副使，耻谐于俗，品望尤高，其真迹不可多得。予家有英玉寄华玉书数通，蝇头细楷，笔笔端谨，无一字稍苟，绰有晋人风味。家书郑重若此，可想见老辈风范。

香林寺，或云半山园故址。然志载："半山寺在北安门内东北隅，为安石故宅。"今驻防固山王益之都督家正当其处。若香林寺在北安门外，相距甚远，非昔之半山园也。寺有四足铜方鼎，高二尺余，其色黝然如铁，呼为吃灰炉。数百年来灰未出亦不满，殆神其说耳。又有木椅高三尺余，可坐数人，整刳而成，扪之有异香，相传为沉香木。大悲楼有雕漆九龙供案，乃明代内用故物。又有吴道子大士画像，金碧灿然，自非赝本。若佛牙高约五寸，阔如之。其色黄，覆以香楠小塔。予意佛生中印度，亦与人同耳，牙焉有若是其大者，殆附会之谈欤？

嘉庆庚午科乡试头场，有一妇人服男子衣冠闯入闱中，为号官察出，监临严讯。素有疯疾，常外出，别无情弊，遂饬其家领回看管。是科首题为“才难不其然乎”四句，下文有“妇人焉”，适与此事相应，抑异矣！

族嫂节妇金氏，年十七归族兄元绩，五载而夫亡，遗一女，以族子文升嗣，为娶妇，又先卒。无子，家贫，仅有田二十亩，以十亩养姑，余为宗祠祭费。嫁女于刘氏子，年四十八卒，以不及终事孀姑为恨，殁后常见形如生时，守节二十八年。嘉庆辛未，家大人为之请旌，建坊于贾村祠堂，入祀邑之节孝祠，并广征诗文。一时名作如林，不下数百首，而古风佳者尤多，摘录之以备采择。方葆岩宫保维甸云：“悲风动地孤鸾鸣，不从夫死从姑生。二十八年妇兼子，吁嗟终竟从夫死。至今窈窕高堂开，隐约犹见魂魄来。魂依老姑姑勿怖，寸心那忍离姑去。谓妇死无知，何以凛凛如？生时谓妇恋衡宇，岂不夜台心更苦？要知正气干云霄，万古不磨况一朝。君不见，雪中松柏转苍翠，留取英灵炳天地。”胡兰川太守钟云：“妾死如鸿毛，含笑下从夫。妾生如泰山，高堂奉孀姑。欲生不得生，薄命悬须臾。欲死不忍死，赍志归泉涂。哀哉节妇心，茹蘖而甘荼。可怜未亡人，十指供芳腴。粗粝乃自安，分田享祭俱。仰事兼俯育，廿载心血枯。婚嫁愿甫遂，嗣子伤剥肤。昊天胡不吊，不慭遗一孤。茕茕三世嫠，忍使中妇殂。精魂白日归，寝门立踟蹰。华饰久弗御，惨淡形神癯。生孝既已挚，死孝何曾愚。方今太守贤，郡志编贞瑜。皎皎青竹简，历久色不渝。大书亦特书，照耀光三吴。芳馨标棹楔，恩荣降皇都。卓卓女中师，允足当楷模。作诗付彤管，纪实良非诬。”宛平陈远雯太守雲云："夫既死，姑无子。姑尚存，姑无倚。生是未亡人，死复无死理。嗟哉，妇蹇若此！此节为夫坚，此孝为夫全。以身代子职，夫死如生年。十指辛勤足生活，负郭况有先人田。晨操井臼衣针黹，饴甘馨洁罗姑前。姑莫悲夫无儿，族姓子，承其支，分田十亩入宗祠，以奉禋祀供明粢，唯祖若孙咸赖之，人称其孝称其慈。慈[1]厥后，为娶妇，妇来足慰我姑心。可怜节亦效吾守，胡天不悯此茕茕。二十八载劳何有？力瘁兮嗟休，志苦兮难酬？妾薄命兮其谁尤？撒手一长叹，碧海心悠悠。心不死，名则起。志家乘，书国史。曰：甘节妇有如彼元绩妻甘金氏。"梅伯言郎中曾亮云："甘家节妇今古无，飞腾茂实神不扶。神虽不扶人惊呼，少适君子承士模。中闺织素不佩珠，髡彼两髦服亦儒。玉棺堕空别须臾，身无腹悲乃大呼。君其缓步吾获俱，失声而痛白发姑。曰汝死矣谁从吾，妇叩棺叹心踟蹰。敢以不孝贻吾夫？乃为吾姑办中厨，乃为吾姑洗厕牏。姑虽无子神常娱，散赡六姻捐膏腴。佥曰某妇孝矣乎，爰以螟蛉归蒲庐。爰择佳妇室其孤，是宜飞声凤将雏。悲哉枯杨不生荑，九原从父竟长徂。是时妇体中不愉，闻此事曰命也夫。闭口而逝目盱盱，事姑不卒心不渝。空堂阴风吹草枯，若有人兮形模糊。如侍高堂当户枢，子妇稽首姑勿虞。誓成姑志追高符，如此死孝千古无。"阳湖洪孟慈孝廉饴孙云："青葱女贞树，托节钟山岑。朔风严霜色不侵，岁寒亦比乔松心。儿夫为甘妾氏金，十七十八谐鸣琴。琴声不祥兆如此，宫弦中

① 当作"兹"。

断商弦弛。黄泉冥冥日光紫，妾不能生愿从逝。空房雨泪亘若珠，十日不食将无躯。忽然蹶起明其愚，儿夫有母儿何徂。母食谁奉行谁扶，妾纵能死忘儿夫。白华精修白云舍，威姑长侍蓬窗下。孤儿前妻女前嫁，贞石崚嶒望夫化。甘门有妇推礼宗，女贞之树留闺中。人生自有后凋节，卅年节孝今谁同？君不见，卅年节孝今无比，事姑尚恨先姑死。树前华表鹤归来，清泪时时悲不止。”刘芙初太史嗣绾云：“青青贞松，郁郁女桑；桑则有丝，弦之乐章一解。靡笄山高，视此钟阜；苦节之贞，惟甘家妇二解。妇兮奉姑，妇代子职；母兮勖子，母代父德三解。母德则隆，妇职克崇；以养则竭，以祭则丰四解。天乎不吊，而子从父；子舍一灯，导此泉路五解。怀清一台，旌善一闾；棹楔在门，以永令誉六解。”芜湖王子卿太史泽云：“贞木亭亭兮山之阿，出事君子兮不禄奈何？从君子兮不计其他一解。贞木亭亭兮山之冈，姑无儿兮谁与奉觞？以妇代子兮事北堂二解。贞木亭亭兮山之巅，霜严雪洁兮廿有八年。孝养未终兮妇来贞魂，国史永传兮宠命自天三解。”荆溪任澧塘明经安上云：“甘家妇，矢柏舟。在秦淮，载沉浮一解。抚孤孤又绝，问天天不答。赍恨赴泉途，吾姑何往乎二解？阴风惨惨迷故居，寻着旧啼乌托伊。告慈姑，姑起居，有妇扶三解。乞姑勿惊讶，妇身虽云亡，妇魂冉冉时来也四解。”韩奕山秀才炎云：“夫死不死奈何夫，夫死亦死奈何姑。吾死乎？妇踟蹰一解。决然而起是不可死，寡妇上堂姑有子二解。有田廿亩何忧养为？无田一亩鬼其馁，而分半以祭，十亩之外吾不知三解。朝减田，夕增口，族人义之为立后，祷我针神田所不足佐以手四解。婚乃男，嫁乃女，奉觞寿乃姑。天忽夺孙恸厥祖，二十八年力尽心更苦，濒死但恨生无补五解。”

前明宣德炉铸造最工。相传其时内库大火，所藏金银铜器熔而为一，奉敕以灰烬之余铸为鼎彝，其质极精，故其器可宝。然其事未必确凿。而世之作伪者，往往假托年号，真赝杂出，殊难辨别，且炉色皆出自人工，如所谓干红、片文金、鳝鱼黄、鱼子金、海壳青之类，均先以药汁烘染而成，徒为把玩之具已耳。家大人数年前，尝集有百余品，偶以炭爇之，供书室陈设；既而得商周彝鼎，青绿斑驳，悉出本真，而时代先后，铭词异同，足以资考核而广见闻，以视宣炉之徒供玩好者，不啻霄壤之别，遂屏而庋诸高阁矣。物同聚于所好，而一则娱今，一则博古，其旨趣固自有异也。

予四弟煜，乳名虎儿，嘉庆丙寅生。三岁而先母弃养，继妣陈孺人爱之如己出。性聪慧，时有神童之目。五岁入塾，读书过目不忘，甫月余，《诗经》全毕。达宗和尚教以《大悲咒》，半日即能熟诵，居然梵音，师大异之。能辨篆隶，属对尤工。姚惜抱先生见之，对答如流，抚其顶曰：“此玉麒麟也。”辛未十一月以痘闭三日殇，年甫六岁。痛哉！葬南门外黄泥户蒋家山，李祖姑母墓圹内之右。其殇先三日，以墨戏涂窗壁，书“去”字百余，盖生有宿根，昙花一现也。

癸酉三月，小园兰花盛开，丛中有并蒂一枝，花茎色赤如丹砂。是年二月，予与祺仁兄同入泮。父执邢竹心先生谓为“瑞应”，令于花前结彩以谢之，并贺以诗云：“天教兰卉现嘉祥，并蒂连枝王者香。会见朱衣齐点首，宫袍对舞凤池旁。”胡心斋师诗云:“旖旎春三月,兰花并蒂香。丹心期共抱,素赏岂孤芳。骨格生原异,栽培意倍长。几多桃李艳,莫漫与平章。”予兄弟读之且感且愧,末学小子果何以仰副厚期也。

货泉原委足资考证,宋洪遵《泉志》所由传也。今海内藏古钱者,以望江倪进士为最富,自皇古刀布,下迄明末历代之钱,与夫外域闰位、吉语、厌胜诸品,无一弗具,诚为巨观,有钱谱藏于家。进士名模,字小迂,今江宁训导莲舫先生世父也。吾乡倪君德灏与粤东寓公冯君蓁,亦有此癖,所得古钱甚多。然以视望江倪氏,则不免小巫见大巫矣。建文钱传者甚少,倪望江亦只有二枚,此尤以罕见珍者。

方勤襄公维甸母吴太夫人,晚岁归金陵。公陈情终养,迭奉纶音存问,赏赉有差。嘉庆十八年七月,太夫人卒。制府百文敏公入告,赐祭一坛,命江宁将军宗室兴公奠醊。故事:命妇无赐恤例,而特遗[①]大臣临奠,尤为旷典。于此见圣主贤臣千载一时之盛。

大士香火,旧以蟒蛇仓石观音为盛。六月间,赛会喧阗,达旦不绝,仿佛三天竺之胜。嘉庆甲戌,烧香者皆赴鸡鸣山观音楼,此遂冷落。其时城北哄传,有白发老妇,自蟒蛇仓肩舆至鸡鸣寺进香,倏忽不见,谓为大士化身。其事近诞,然兴替自有定也。

叔父鹤筹公,艰于子嗣,誓愿行善,并日诵《准提神咒》以求之。行之十余年罔懈。尝虔祷于府前关帝庙,得签云:“婚

① 当作“遣”。

姻子息莫嫌迟，但把精神仗佛持。四十年前昭报应，功圆行满育馨儿。”甲戌七月，炘弟生，其时年正四十也，盖精诚固结，神其鉴之矣。

甲戌大旱，谷价腾贵，人心惶惶。此乾隆乙巳后之奇灾也。八月，总制文敏公百龄躬莅钟山书院，召集绅商劝捐，共得金十七万有奇。官为督率，绅民为经理，按户给钱，设厂赈粥，城厢内外灾黎得所。事竣，尚余二万余两，发典生息，复经张侍御曾奏明永为城厢备荒用，不准挪作他项，诚盛举也。公之干济，于此窥见一斑。

民居稠密，屡罹火患。乾隆五十四年，制军高佳公书麟，创作水星鼎于聚宝门城上，以镇厌之，其患渐息。鼎为铜铸。其形圆，底足皆铁，通高四尺有奇，上嵌八卦，十六乳，四周各有篆书“水星”二字。其下为铭，凡二百余字甲戌旱，有好事者担水贮鼎中，谓可祷雨，而卒无验。

方勤襄公生平仕绩，有裨于国计民生者不可殚述，即居乡而论，重才爱士，尤可风焉。甲戌，城厢义赈。公朝夕督率其间，倡议优恤士族，实从前未有之创举。意谓祖父身列胶庠，子孙尤非齐民之比，则人知勤勉，奋志读书，厚之益所以励之也。卓然有古大臣识度。

勤襄公乞养家居，其后邻贫家娶妇。太夫人闻鼓乐声，询知之，喜甚，肩舆往贺。公随诣其家，主人惶恐失措。太夫人道叙家常，执新妇手，欢然谈笑，逾时始归，馈送甚优。其不挟贵若此。

《金陵世纪》谓“朱雀航非今之镇准桥，乃古桐树湾长乐渡处，在聚宝门东北”。《金陵新志》亦云：“在镇淮桥北左南厢，今信府河救生局正当古长乐渡处，有真武庙。”庙门外竖长杆，嵌铁坎卦，上立铁鹳，其大如驴，俗呼为铁老鹳，正对蟒蛇仓。赤石矶矶脉，石骨崚嶒，自城外穿濠而入，尽于此，色纯赤，前人因城内屡遭火患，作此厌之。又聚宝门，或以罗镜格之，为丑未向，以取泄火之义。赤石矶乃正当南离，则以长乐渡为朱雀航，当非无据也。

金陵昔多寓公。随园而后享林泉之乐，极觞咏之娱者，莫如阳湖孙伯渊师。始侨居旧内之五松园，园有古松五株故名。后买皇甫巷司马河帅宅，亭馆池树，布置有法，名曰冶城山馆。甲戌，复就旧内菜圃隙地累石穿池，莳花种竹，大兴土木，逾年而成。门前设书肆，曰窥园阁。入门迤东一带，缭以长廊，曰小芍陂，孙源湘题。厅事面南，曰廉卉堂，唐仲冕题。东北隅有室三楹，庭后种芍药，曰留余春馆，师之太翁自题。西北临塘一榭，曰鸥波舫，吴鼒题。旁通高台，钟阜在望，曰大观台，石韫玉题。西南隅，竹篱茅舍，寒菜一畦，曰蔬香舍，姚鼐题。宾朋宴集，岁无虚月。而五亩之名，遂与五松并传矣。无何，师捐馆。后赁为茶肆，园林遂荒，惜哉！

乙亥冬十月，予患温热症，服大黄、芒硝诸峻剂过当。诸医束手，濒危者屡矣。五十余日未大解，热终弗退，延及冬至日晨，忽有乾鹊飞集窗外，连噪九声。予闻之，遽喜形于色，曰：“救星到矣！”时陈超人外叔祖来问疾，谓家大人曰：“鹊鸣者九声，此遇医兆也。”力荐许鸣九先生诊之，用养阴生液之剂，一投辄大解，其效如神，解下黑粪如弹丸者半桶，坚硬如石。自是热退眠安，糜粥大进，病由是瘳。盖攻伐过度，阴伤液枯所致也。当病亟时，觉飘飘忽忽，魂常出游于外，尝月夜至一处，方池如鉴，水声清泠。池边有丹桂一大株，花正盛开。予对之，心境开豁顿朗，吟曰："寒潭照秋月，清泠发天香。"家人咸闻而讶之。心斋师谓此二句甚奇，非平日所能到，有禅境，有生机，决其必不死。厥后，魂至家后门，外墙及肩而不能入。正窘迫间，见静斋叔父在墙内行，亟呼曰："速开后门！予将归！"时方日晡，天方昏黯作雪，叔父适假寐，梦予立墙外呼之，醒而异焉，遂令奴子胥文，执予常著絮袄，开后门呼予名，招之。门甫辟，陡觉凉风一阵扑入，奴子为之毛发森竖，招至室。予方卧床第，以絮袄加诸身，遽跃起大呼，曰："今归来矣！"盖一缕生魂，复入泥丸宫也。此冬至前一日事也。此番大病，予年十九，为有生以来第一磨折。两亲心力交瘁。今回忆之，真罪通于天矣！然幸而转危为安，之死复生者，以其时尚未授室，童真完固，故病退而复原较易也。且自幼知奉佛，当呼吸存亡之际，尚能强自支持，口诵《大悲咒》，喃喃不休，以故心无挂碍，差可抵御病魔。病后数月，犹闭目独坐，恍有所省。时作出家之想，达宗和尚谓其本真未昧，颇具善根。古人云："病久道心生。"良不诬也。惜未能勇猛精进，扩而充之耳。

丙子三月，伯渊师为高堂称庆，宴集于冶城山馆，偶演《斩铫期》一出。其白云："铫不负汉，汉不负铫。"时全椒吴山尊学士在座，戏谓师曰："此二语，文义简古，似汉魏人口吻，君何不采入《续古文苑》乎？"坐客皆大笑。是年六月，山馆中盆莲花开并蒂，色红，其大如盏。书院月课，举《并蒂莲赋》，以“瑞不虚呈，修德应之”为韵。是科秋闱后，太公正寿值八旬，重宴鹿鸣，诚瑞征也。

丙子乡试，林解元端纳卷最早。其房师周次立大令以勋，中秋得之，即荐元。数日后批回，竟未获隽。及八月杪，前魁已定，独无元卷。主司上堂以语众。同考周君闻之出位曰：“昨得一卷，其文气息甚高，然恐太迟，不敢荐耳。”主司急索观。乃以浓蓝汁涂盖墨迹，复用“包扫一切”四字改其前批呈上。主司阅未终篇，击节叹赏，遂取冠多士。南闱佳卷本多，阅者易目迷五色，此无足怪。而周君之爱才如命，洵相赏有真矣。揭晓前一夕，其父雪晴先生，梦同里老友林蔚青、端木煜、翁恩元三君造其家，叙谈半晌而去，榜发乃知为林端元之兆也。

大吏下车之始，必谒庙讲书，而近时，举行者绝少。嘉庆丁丑，陈莲龛方伯继昌莅任，悬牌示期，躬诣府学明伦堂。诸生齐集。讲书训诫谆谆，为一时仅见之事。书院月课，方伯必亲临，诗赋时艺，一一评骘，捐廉厚奖。欧阳孝廉长海《莲蓬人赋》起句云：“不衫不履，非草非花。”祺仁伯兄拟唐杨巨源《万寿无疆词五律》十首，皆为公所特赏者。

戊寅，首题“君子和而不同”二句，所刻闱墨多交互见义：君子与君子和矣，而其处小人也，未尝不和；小人与小人同矣，而其待君子也，未尝不同。君子非独不同于小人，并不同于君子；小人非独不和于君子，并不和于小人。盖必如此发挥，经经纬史，乃使题无剩义。其实本诸陈大士《四书读》，人自不留心领会耳，先是有御制《和同论》，故拟作甚多。一时获隽者，半场前宿构，孰谓文章无凭据哉？

是年，予友金静涵镇未入场之先，尝祈签于关帝庙，有句云：“水到渠成听自然。”维时文宗汤敦甫先生科试拔置前茅，典试者为湖北帅侍郎承瀛、浙江卢侍御炳涛。三场坐号字皆从水，心颇异之。榜发，果获隽。其房考为赣榆知县何恒键，字兰汀，亦从水，可见科名遇合，莫非前定者。

戊寅十月朔，皮场巷任姓家回禄，举室灰烬，惟临街危垣独存。里中王姓子与邵姓子嬉戏于下。墙忽倒，邵脑裂而死，王倚墙挺立，独无恙，惟额上击伤寸许。据云，墙倒时，有黑人障蔽，不知怖也。同为墙压，而生死顿殊，非数而何？

督院司道署，仅大门有狮子，惟城守营副将头门、大堂、宅门三处皆有，而形相大于他处。其地为明岐阳王李文忠故府。制度不同，相沿未易耳。照墙后有大塘，夏日无蛙。或云张真人尝驻足于此，恶其聒噪，以法魇之。胡心斋师言，陶京山先生绍景，乾隆戊午解元，与同里周筠溪侍读祭昌齐名，著有《陶周合稿》，官台湾知县，渡海遇飓风，几殆，遂解组归，年未五十也，后寿越九旬而终。尝自署其斋云：“未老息机，海外余生休易得；随时知足，人间清福最难消。”在闽时，乡试分房，尽心校阅，惟恐误人功名，不敢草率从事，存心如此，宜其孙曾，至今书香不替也。

潜山熊藕颐先生宝泰，隐居不仕，著述自娱，著有《藕颐类稿》若干卷；晚年侨居升平桥，与家大人友善。乙亥十月，予大病濒危，先生频劳垂问，注念极殷。予病至月余未起，家大人忧甚。先生善慰之曰：“文郎丰下主寿，予可决其必不死，君何忧焉？”日必命僮持札来问，一月间积至百余通。予病后展读，为感激泣下，装潢成册，珍藏之。噫！先生爱朋友之子若是其敦挚，真是今之古人矣。喆嗣象阶，官河南知府，厚德贻谋，孙曾林立，簪缨之盛未艾也。

钟山书院大门右空地有大铁锚，二叉陷于土，一叉在上，相传是马三宝下西洋故物，不知何从至此。盖其地本东护龙河，水出昇平桥，数百年前尚通舟楫，未可知也。每中秋，游人蚁集。妇人摸弄之，可以生子，呼为摸秋，令人绝倒。石城门外河滩，有铁锚数十类，有大于此者。按《客座赘语》载：“城之西北有宝船厂，永乐三年三月，命太监郑和等行赏赐古里满刺诸国，宝船共六十三号，适当其地。”则为三宝之物益无疑矣。

铁塔寺后，山势绵亘，为冶城来脉，屡被取土者偷挖，几成断凹。嘉庆甲戌，里人捐资，挑取西麓之土以补之，挖至丈余，露一古隧道，门启有穴，深不可测，遂掩之。按志载：“南宋元懿太子攒宫，在铁塔寺法堂西偏。”盖即其处也。时督率挑土之役者，为前任句容令郑之濂。工毕后，郑梦一古衣冠少年向之拜谢，盖保全古墓，冥冥中已默感之矣。

崇正书院，为明耿天台都御讲学处，今为僧院，石坊尚存，地踞清凉之巅，回廊静室，花木竞秀，饶有幽趣，上有高阁，轩窗三面，长江匹练宛在几席间，胡兰川先生颜之曰“江光一线”，王梦楼、姚惜抱、孙伯渊诸先生皆有题咏。西城登眺之胜，无逾于此。

虎踞关宫氏园在清凉山之阴，凿洞穿池，金鱼数十尾游泳其中，令人神怡。上建三层高阁，背山壁立，曲磴盘旋而上。胡晚晴先生题曰“四照阁”。春日，牡丹、罂粟艳满堂坳，秋则雁来红、秋海棠之属竞秀争妍，照耀山谷，真有如荼如火之观，今成废圃矣！宫氏宅与园对，家颇康，其先墓亦在宅旁。墓上松柏葱郁，百余年物也。有术者谓曰：“若要发，光遢遢。”怂恿伐去，家遂消败。二语不知何本，无知妄作，甚矣！盲师之害人不浅也。

聚宝门外冈上，武氏家门前开盐米肆，内有小屋数椽，帘幕几席，洁净无纤尘；屋后修篁数十竿，青翠欲滴。循竹径而入，有培塿焉。茅亭居其巅，遍览梅冈之胜。邻舍老梅一株，高出墙头，适与亭对，天然巧绝。又，西街五显庙旁王姓家，小桥曲水环绕，门前辟小园，亭馆参差，结构恰好，开窗眺望雨花诸胜，宛在目前，皆结构小而别具匠心者。

六朝石刻之见于世者，以吴天玺纪功碑为最古。石裂为三，旧在县学尊经阁下。乾隆间，梅二如先生拓本甚多。嘉庆乙丑，阁毁于火，遂不可多得。予家所藏，完整可观，犹是明拓旧本。丙子，太守余公重勒于府学明伦堂，即据此本摹之。后又得倪氏藏本大卷，乃整裱而未梭开者，原神尤完具，可宝也。又，阁上旧藏明南雍书版《十三经》、《廿一史》、《通典》、《通志》、《玉海》诸大部，亦一炬而尽。合河康茂园方伯基田，仅重刊《玉海》，迫于时日，雠校未精。朱述之大令绪曾有《天发神谶碑歌注》云：“《建康实录》引张勃《吴录》云：未知谁书，或传是皇象，恐非。”又云：“碑文有东观令，并无华覈，后人因覈名重，故附会耳。”《三国志·华覈传》：“孙皓即位，封徐陵亭侯。皓盛夏兴工，覈上疏谏，不纳。后迁东观令，领右国史。

时仓廪无储，世俗滋侈。覈疏百余上，皆有补益。天册元年，以微谴免。”则天玺改元，东观令已非华覈，且覈侃直，必不撰造图谶。辨正甚精核。

学宫忠义孝悌祠，祀邑之忠臣、义士、孝子、悌弟，例准题名设位，载诸令甲。学宫左，旧有祠三楹，仅书“忠义祠”三字，而孝悌者代不乏人，竟无列祀之举。故国初高孝子官荫牌位，祔于上元节孝祠，百余年来无议及者。嘉庆己卯，里人因进郭孝子鸿神位，始改题祠额曰“忠义孝悌”，并移奉高孝子于其中，历代曾经旌表载之志乘者，一并题名，而礼制始合。

陈丰之中翰维垣，与其弟建之大令维屏，嘉庆癸酉、戊寅，相继领乡荐。己卯，将计偕北上，祈签于上元门关帝庙。签云：“羡君兄弟好名声，只管扮谦莫自矜。丹诏槐黄相逼近，巍巍科甲两同登。”是科，果同成进士。此诗如面命矣。其先茔在太平门外沙冈，为回龙顾祖格，面对钟山双荐峰。家大人《钟秀录》载之，谓为“兄弟同榜之验”。

四象桥晒场路隅，有石将军庙。嘉庆戊寅、己卯间，奸民藉以惑人，诡称灵异，祷祀日众，车马填衢，香火达旦不绝。数月间起造木栅，竖立牌坊，滨河一带，旗杆不下千余，敛钱分肥，官莫之禁。庚辰，有联司马者，恶其矫诬，毁之，投石将军于河，以旗竿木植为八府塘栅栏，其事乃寝。扫除淫祀，识者韪焉。

举业名馆，昔推吴孝廉镇、庄孝廉允升两先生，从游甚众，登科甲者踵相接。庄盲于目，而讲书最精。近则林雪晴先生，润及门者济济如也。先生乾隆甲寅副榜，子章甫端嘉庆丙子解元。陈石渠先生授以诸生课徒数十年，成就后学居多，子维藩、维垣、维屏、维翰，从子维墉先后入泮。嘉庆己卯，维垣、维屏同榜进士。方汝舟先生为揖家贫，课徒自给，远方来学者如云，年逾八十，神明不衰，以岁贡选授合肥训导，子若孙皆有声黉序。如三君者，人咸谓善诲之报方先生夫妇偕老，同日而殁，尤异。

钟楼及倒钟厂二钟，乃明初所铸。吕修《府志》谓为“景阳故物”，非也。又，《志》据元赵世延《钟山万寿寺碑记》云：“聚铜数万斤铸大钟”，并疑即此钟。讵知元铸之钟，在太平兴国寺，见《梵刹志·虞集碑记》。赵世延并作钟铭，今灵谷寺钟楼是也，岂可混耶？

节孝祠有二：上元在钦天山；江宁在江东门，后因水患移于南门外方公祠之左，历代曾邀旌表者列祀其中。然金陵为礼教之邦，自来苦节坚贞，厄穷万状，无人举报，遂至湮没无闻。方秀才明峻，倡议将志乘所载各[①]姓，详加采访，有事实可征未经表扬者，汇数百人，由学造册通详，统请旌表，合建总坊，发微阐幽，大有关于风化。

裘安邦，浙江上虞人，行伍出身，嘉庆己卯、庚辰间，官城守都司，身长八尺，负勇力，能挽十石弓。武闱乡试，诸生较硬弓每赂武弁，以少报多，朦混取巧。制府知裘能挽强，命侍侧，见有弓力不符者，辄挽而试之，人莫敢欺。兴豪善饮，尝醉后裸卧雪中，四旁积雪都化，神色不变。强毅敢为，缉捕极力，

① 当作“名”。

尤恶赌博，宵小咸为敛迹。而宽严并济，善于御众，月给军饷，当堂验发，力杜克扣之弊，部下士卒咸感之，官至寿春总兵。此太平无事武弁中之矫然独出者。

郭孝子云川先生鸿，事迹具载志乘，尝以生平孝行，绘为二十四图，名曰《庸行图》，系之以说行世。萧山汤敦甫先生为学使，丁丑按临岁试，深器重之，馈赉有差，并赠联云："为士克修庠序教；如君不愧圣贤徒。"其食饩成优贡，皆所以奖励之也。居磊功巷，今名孝子坊。倪上舍之镳与之同里，亦敦孝行，邑人士公举请旌。其人谦谨，恂恂然如儒者。一巷之间，两坊并峙，称"仁里"焉。

寿及百龄，称为人瑞。乾隆间，迈皋桥冯翁；嘉庆间，剪子巷龚翁，皆经旌表建坊。崔筠谷先生瑶，学画于罗梅仙，喜作松竹大幅，气韵遒厚，一生笔墨自娱，寿至九十七而卒。妻黄氏寿百有六岁，建坊于七家湾桥畔。其联云："鸿案相庄，九七龄尚号令妻；龙章宠锡，百六岁允称寿母。"夫妇同享期颐，一时无匹。子春泉溥世其业，今亦寿逾古稀矣。城西吉家贞母某氏，髫年守贞，抚嗣孤成立，泽延四代，寿享百龄，丙戌被旌。吴顾氏孺人，吴县教谕北垞先生淼之母，寿百有二岁，亦被旌。孙观文，庠生，从家大人习形家言。

城中人烟辐辏，食井不可胜计。汉西门侧有四眼井，北门桥转东有三眼井，进香河尽处有九眼井，红纸廊转北有三道高井，小英府后街有方井，颜料坊内有凤凰井，四象桥转东有邀贵井，江宁县署后有金沙井，皆以井著名。至深者则清凉寺井，上建小亭，汲者辘轳转运，绠长二十余丈，俗指为胭脂井，即陈后主避兵处。然清凉为南唐避暑宫，非景阳旧迹也。他若骁骑营仓上大井，上狭下广。居民云，昔淘井见其中四围甃石如城墙，可容数十人，下有四铁金刚屹立四方，手皆上举作擎柱之状，此其最大者也。

天界寺大殿右偏有铜铸大佛头，高二丈有奇，四面合掌，露其半体，明初所造。嘉庆庚午，殿旁菜圃掘得一铁佛头，大可数围。寺僧装塑木身，长丈余，供于铜佛头之后。按《梵刹志》云："天界寺之右，旧有铁佛寺。"此其遗欤？

宝光寺在雨花台东麓，刘宋时名天王寺，梁废为昭明太子果园；南唐保大中，更建奉先禅院，后葬昙师，起塔名宝光。塔院元为普光寺，明正统间改今额，后接雨花台。其顶方平如砥，面对天印山，形势颇聚，或谓为雨花台带结，大殿后壁画达摩尊者坐像，高及二丈，阔如之，衣摺七笔而成，魄力浑劲，俗呼为七笔头祖师，康熙间人手笔，昔张斗堂、雪鸿两先生常栖息其中。

园林邱壑多出人为，其山水天成不假穿凿者，莫若随园。本为织造隋尚衣寓园，简斋先生得之，仍以"随"名。门外竹径柴篱，引人入胜，山环水抱，楼阁参差，处处有画图之妙，城中名园无出其右。有自撰一联云："不作公卿，非无苐命都缘懒；难成仙佛，为读诗书又恋花。"又自集唐句云："放鹤去寻三岛客；任人来看四时花。"其"小栖霞"三字，尹望山相国题；有联云："此地有崇山、峻岭、茂林、修竹；是能读三坟、五典、八索、九丘。"则李鹤峰侍郎因培书也。

皇甫巷邢氏缘园，在其宅之右。方池数亩，绿柳盈堤，广厦修廊，疏密有法。小亭高耸，登之，冶城山色如在襟带间。并有扇摺矮垣，屈曲纡斜，循而走者有迷路出难之况。主人吉云，字瑞卿，未冠食饩，文誉铮铮，书法清劲似率更，攻苦成疾，年未三十而殁，惜哉！邢氏之先为徐氏主。简斋先生宰江邑时，曾晏新进诸生于此，后归于邢先生，重游题一联云："胜地怕重经，记当年丝竹晏诸生，回头是梦；名园须得主，幸此日楼台逢哲匠，著手成春。"王梦楼先生书，称双绝焉。

督院书吏某，自幼习清语。嘉庆间，文清公松筠为总督。某有公事，皆以清语对答如流。公大喜，宠任之，异于侪辈，其家遂由以起。逾数年，总督勒保莅任，某亦以事文清者事之，大触其怒，曰："汝汉人而习清语，将机密事皆可侦探，而为所欲为矣。"立即革退，不准充当。以此得，复以此失，可见非分之事，不可为也。胡心斋师言。

道光辛巳夏秋之交，痧症大行。患者腹绞痛，吐泻不出，四肢厥冷，逾时即不可救，死者甚众，名曰穿心痧。时鼓楼小庵，有一僧，忘其名，善治此症，以针刺胸背及手足心，出紫黑血即愈。八月乡试，当道延之入闱，闱中多患此症，赖以全活。予尝目击之。先是城中谣云："不穿缎子穿新纱。"纱与痧谐声，其先兆欤？

李二喜子居望鹤冈，为人执鞭，性凶黠；乡里患之。常买老驴，用热铁烙其齿，喂以壮药，伪为驹，以诳人取重值。不数月，其驴即毙。辛巳六月十九日午后，放驴至旧内金沙河啮草，忽雷雨大作，击死水边，腰间系布袋，有纸裹物为雷扯碎，或云秘藏毒药，将有所害也。

南闱榜首多不显，而中式之年即死者有二：嘉庆庚申恩科宜兴解元崔煊，三场大病，榜未发已卒。次年辛酉科，其侄锡华复领解。道光辛巳恩科解元张海珊，吴江人，捷音至家，病笃矣，逾日而卒。主司汤敦甫先生为嗟悼者久之。

书画大家笔法多用中锋。惜抱先生尝言，董文敏真迹酷似钟繇，世所传飘逸之笔，殊嫌率意，皆后人赝本也。壬午春，予随家大人游西湖，礼永明寿禅师肉身塔，见塔上有石碣一段，刻文敏真体书“宋永明寿禅师之塔”八字，苍朴浑劲，笔笔中锋，与世传董书绝殊，信乎！惜抱先生之言，确有真见也。

西湖法相寺，龛间供趺坐佛像，相传为古法相佛真身，祈祷最灵。殿上有康熙间征君万经题“求子得子”四字扁额。壬午，予过寺祷问科名签，有“酩酊酬佳节”之句。家大人解之曰：“汝其待丁酉科中式乎，佛已明示之矣。”

壬午科乡试，首题“先有司”三句，次题“德为圣人”二句，三题是“集义所生者”三句。吾友朱君性堂，入闱时方二更，假寐，忽闻号舍外有人呼曰：“题纸下来了。”随将三道题历历说出。朱君亟披衣出视，阒寂无人声。同里程光祖与之同号，已熟睡矣，遂往推醒告之，共相疑讶。及四更，题下，果如所闻。文思顿涌，大胜平时，是科中式。此岂有先示其机者耶？嘉庆甲子科，乡试揭晓后，汪中丞志伊取通省遗卷，重加评阅，选一百十四人。吾邑朱君性堂名列十八，至壬午始领乡荐，知迟速自有定也。

南唐护龙河，自昇平桥，经上元县之左，东边一带水道，各志历历言之，而西者独略。今羊市桥畔，上踞屋舍，下穿沟渠,后为张府园、裕民坊,皆系菜圃。其地有河身一段,长十余丈,宽二三丈,清水一泓,资以灌溉;两旁石岸犹存,乃西护龙旧址也。《客座赘语》载:"西虹在卢妃巷之西,穿人家屋而北达园地,有石嵌河迹。"正指此。

前明都会所在,街衢洞达,洵为壮观。由东而西则火星庙至三山门、大中桥至石城门;由南而北则镇淮桥至内桥,评事街至明瓦廊,高井至北门桥。官街极其宽廓,可容九轨,左右皆缭以官廊,以蔽风雨,今为居民侵占者多。崇闳之地半为湫隘之区矣。

茅君别院,在朱门乡之牛脊山,一作牛迹,有西汉永光五年碑石,虽损折,可磨拓者尚有数十字,江宁金石此为最古,在溧水校官碑之前。康熙间,郑汝器先生簠曾亲见其迹。明顾遴初、陈横崖皆有题识,距先祖妣墓仅十里,尝搜访而终不可得。或云石如墨玉,晶光照人。守院道士恐人聒噪,已毁而埋之矣。何物野道恶俗至此,真一恨事!

《金陵世纪》:"秦淮与青溪相接处,其流通内桥、景定桥,经清平桥,绕旧内宫墙南流入淮。"又云:"清平桥西通内桥。"按:今四象桥即"清平"也。

明盛仲交《金陵二十四泉品》,独无一及钟山。如应潮井、一人泉、八功德水之类皆未选入。周吉甫晖《金陵琐事》补八品亦未及之,岂当时足迹未到耶?然栖霞、牛首、祈泽、衡阳,较钟山更远而皆入品题,抑又何也?

卷　二

丁德郊广文金榜，家素饶裕，堂上黄雀数百，成群飞鸣栖止，梁椽间雀粪堆积，如是者十余年，其家大起。王太守彝宪祖墓多乌鹊，群集林间，噪声闻数里，其时家大振。予六世祖文高公墓，在南乡小丹阳枫香树，其地多老鸛。薄暮，树杪一望皆黑，呼为老鸛窝。鸛，鸦类，俗以鸦鸣不祥，而族姓甚繁衍，盖鸟性喜阳，地气暖，故召之耳。昔人有诗云："鹊噪非为吉，鸦鸣岂是凶？人间祸与福，不在鸟声中。"诚达论也。

明故宫为今驻防城。昔之五凤楼，文华、武英殿基不过指识其处而已，惟紫禁城内正殿旧址，阶级犹存。右偏有高阜，呼为圪垯山，乃叠石而成，玲珑可爱，指为梳妆台遗址。午门外左有土阜，坦平如砥，长可数十丈，两旁亦然，阶石柱础错落其间。其右有石坊，四面屹立，乃庙社之遗迹也。

焦状元巷为明焦文端所居，旧有五车楼，乃藏书之所，已毁，惟门宇崇闳，"太史第"三字尚存。若仓巷转西有朱状元巷，或谓为朱之蕃故宅，即今李总戎恩元居之。秦状元巷在江宁县署东，涧泉殿撰未达时故居，今为家祠。

铁塔寺仓有铁剪，俗呼为飞来剪，相传仓中多失米，谓其作祟，岁必祭之。灵谷寺亦有铁剪，其制较大。老僧云："为镇蛟之物，蛟性畏铁，故设此。"然山中屡有蛟患，其言亦不确。报恩寺塔前亦有此物，谓之千斤，举重登高必搭架引緪，以此坠下。昔造塔用之，此说较近理。予有诗辨之，载入《灵谷寺志》。

石城门至通济门，长街数里，铺石皆方整而厚。洪武间，令民输若干予一监生，谓之监石。今被车牛碾之破损，良为可惜！

位登宰辅，前明惟程我旋相国一人。宅在卢妃巷西，今名程阁老巷。阁老子名上有诗集，父卒，感愤而亡。今宅分数姓，闻其裔尚有居之者。

国朝二百年来，官一二品者不乏人，而无入相者。秦易堂先生，嘉庆戊寅主讲钟山书院，于庭之左右种紫薇数十株，取薇省丝纶之兆。课试即以讲院树薇命题，不拘体格。金伟军鳌《赋》一篇，累千余言，拔置第一。陈宗之维翰句云："种树正如培子弟，看花何只到儿孙？"亦先生所心赏。

开平常氏，明惠帝母家。常昇拒燕师，战死。文皇怨之，故封绝。嘉靖间，裔孙元振乃得封怀远侯，墓在板桥。

明驸马都尉梅殷守淮，燕王招诱之，不屈。及即位，谓曰："驸马劳苦！"对曰："劳而无功！"有愤色。成祖阴使都督谭深、指挥赵爔[①]拉杀之于竹桥。今竹桥一水通明故宫，即古青溪之一曲也。旁有一小桥，名挺尸桥，相传为驸马被害处。

明蕲国公康茂才墓，出神策门二里，石灰山土名响叶树。《江宁县志》谓"在幕府山"，盖其支麓也。距墓里许，有康家湾，康姓尚多，或即守冢之苗裔欤？江国公谥襄烈吴良，及弟海国公谥襄毅吴祯墓志云："在钟山之阴。"今太平门外板

① 《明史·列传》为"曦"。

仓，二冢尚存，石人、石马对峙。其右为温氏住宅，屋后即温氏先墓，温翰初先生之祖葬焉。家大人云："钟山帐角结，三臬落脉穴，坐主星，当代发贵。"嘉庆初年葬，其时明叔侍讲已生矣。

金陵五方杂处，会馆之设甲于他省。中州在糯米巷，三楚在赛虹桥，旌德在党家巷，太平在甘雨巷，陕西在明瓦廊，贵池在黄公祠，新安在马府街，洞庭在徐家巷，崇明在江东门，庐江、三河在窑湾，规模尚小。若评事街之江西，武定桥之石埭，牛市之湖州，安德门之浙东，颜料坊之山西，天妃宫之全闽，陡门桥之山东，百花巷之泾县，殿阁堂楹，极其轮奂。江西会馆大门外花门楼一座，皆以磁砌成，尤为壮丽。然故家大厦，因此去其过半矣。吕太守燕昭所修《府志》，仅载中州，余皆未及，盖太守河南人，故独留意尔。

明初建立都城凡十三门，钟阜、清凉、金川俱闭，往来通衢，三山、通济之外，以聚宝为最盛。其门槛高二尺许，长一二丈，色黝如铁，相传为活子午石，外国贡物。每日自子至午石长一分，必万人践之始磨灭，乃神其说也。城极高，凡二层，各有七洞，与东西水关相埒。明初富民沈万三所造官厅照壁后，有砖塔一座，覆以小亭，相传为埋聚宝盆之处，见《余冬序录》《郁冈斋笔麈》。观取名之义，殆不诬耶！《客座赘语》据陆游《老学庵笔记》谓"自通济至三山一段为李景所作"，《府志》亦谓"明建都城，其南门、大西、水西三门因宋元之旧而更其名"，语皆未明析。盖三山、聚宝、通济三门，杨吴始行创筑，收淮水于城内，逮明初开拓城基，周围四十余里，惟此三门因其旧址而重建之耳。

冯丈鉴泉，家贫业估，天性纯笃，事兄惟谨，终身不娶，有所得必以资兄。兄殁，嫂卧病床第者十年，尽心医治，遗子女四人皆幼，教养婚嫁引为己任。兄子原，入上元庠生，丈及见之，年七十微疾而终。原之子祖京嗣其后，曾孙长青皆庠生，至今书香勿替，信天之报施弗爽也。道光壬午，其家不戒于火，先世遗像、木主皆成灰烬，惟丈独存，殆有默相之者，特识之为友爱者劝。

吾乡造作，折纸扇骨素有盛名，多聚居通济门外。其面用杭连纸者谓之本面；用京元纸者谓之苏面，较本面良。三山街绸缎廊一带不下数十家，张氏庆云馆为最。揩磨光熟，纸料洁厚，远方来购，其价较高，惟时样短小。求旧时之老棕竹、樱桃红、湘妃竹，骨长而脚方者不可得矣，且雕刻字画有取红楼女名者，殊失雅驯，姚惜抱先生最厌之。

书坊皆在状元境，比屋而居有二十余家，大半皆江右人，虽通行坊本，然琳琅满架亦殊可观。廿余年来，为浙人开设绸庄，书坊悉变，市肆不过一二存者，可见世之逐末者多矣。

安德门外凤凰山，明韩宪王墓在焉，遂名韩府山。《明史》："韩宪王松，太祖第二十子，洪武二十四年封国开原，性英敏，通古今，恭谨无过，永乐五年薨，以未之国，命葬安德门外。十年，子恭王冲㭦嗣时弃三卫地，开原逼塞不可居，改封平凉。"又有明南宁侯毛元墓，碑为徐有贞文。宦官罗志远墓前有二石柱，其一云："自从髫岁侍宫阙，亲见宸颜喜悦时。"其一仆不可读，俱在静明寺侧。寺即志远所建也。

万竹园在聚宝门西南隅，明魏国公别墅。《白下余谈》云：

“齐王孙业。”案《客座赘语》载:“齐王孙同春园在沙湾、饮马之间。”《江宁县志》云:“在县城西南隅。”今为陶氏宅。陶秀才衡川有记。据此则“同春”应在今小门口库司坊,非万竹园矣。国朝邓元昭太史旭卜居于此,今邓氏子姓居者尚有十余家。嶰筠中丞宅,方池似鉴,雉堞如屏,修竹万竿,上下掩映,尤占其胜。门联云:“二分水竹;一半城郊。”城外适与赛虹桥相近。薄暮时,有白鹭数百成群栖止林间,咿哑不绝,俗谓为旺气所聚,百鸟朝凤云。

学宫尊经阁后有土阜,上有敬一亭,登之可眺远,嘉庆乙丑,与阁同建者也。或谓其下为明衡府纪善周公是修之墓。然公当靖难时,尽节尊经阁下,而葬于此毫无确证,况前明为应天府学重地,纵时际仓卒,焉有在此埋葬之理?盖臆说也。

梨园脚色推庆余班。嘉庆间最著名者,净面有王老虎,年七十余,演《刀会北饯》等出,声若洪钟,震动堂宇。王老虎苍颜皓发,《送女》、《交印》、《开眼》、《上路》极传神之妙。小生施二官《夜奔》一出,生平擅绝,史事烂熟,尤为可异;周二官《荆钗》、《琵琶》酸楚动人,与金正旦称为双绝。丑则潘二聋子,《花鼓》、《拿妖》、《嫁女》诙谐入妙,不可方物。小旦蒋相公,年近五旬,而上妆艳丽如处女,尤若辈中之翘楚也。今皆物故,不禁有广陵散之叹矣。歌伶贱技今昔且不相及如此,何论其他?

旧内城址正南,今有三门,中左俱闭,通出入者其右门也。此外墙基惟奇望街内一人巷、府东过街楼右偏、内桥河沿三处尚存一角可以指识。白虎殿基已为僧庵,犹仍旧名,若

“旧内之门”四字扁额及宋马光祖所书“忠实不欺”之堂，不知所在矣。其中菜圃向归驻防城收地租。然北滨大河，仅隔一堤，屡遭水患，四面汪洋。其不没者，仅白虎殿基耳。

诸葛祠在信府河军师巷。相传和吴破魏时，武侯驻节于此，近归生生堂救生局，高楼三楹，南窗夜启，塔灯在望，颇称僻静。辛巳春，予读书其中，每漏下三鼓，青灯荧荧，后邻机杼之声悠扬相答，大有幽趣。胡兰川先生题额曰“丞相祠堂”，自然真切。后有人于庭中栽树，掘地六尺，见石版[①]二，下有穴，深不可测，遂亟掩之，盖古井也。

肩舆负担，各分地界，谓之马头。畏强凌弱，遇有婚丧之事，恣意婪索。中户人家，坐受其累，莫可谁何。嘉庆戊寅，管粮通判联璧创八文一里之制。马头所在，各悬一瓦，上粘印文，谕令受累者击碎之。月终勘验瓦破者，立予重惩，其风稍戢。联公去任，近有复蹈故辙者矣。兴利除弊，顾视力行何如耳？

龚志山先生先祖母之父，籍本江右，家贫卖画自给，所作山水，气脉苍厚，不落恒溪，存者绝少，予家仅有一幅。至今曾孙尚继其学，配泾县翟氏。翟，本泾大族，发武科者甚夥。公之孙典，嘉庆丙子武举，善射挽强，今官瓜洲把总，殆承其余烈欤。

作假山石，阳湖戈姓最擅长。孙伯渊师极奖助之。五松、五亩二园暨冶城山馆，皆出其手。予家小园及西辕门口李氏继园、沙湾卢氏园、清溪里章氏园亦其所为。一邱一壑，结构

① 通“板”。

天成，大小不同，各具胜趣，仿佛姑苏狮子林景象。穿池以砻糠灰、石灰、黄土研之极细，三合为一，铺而捶之，坚整如石，经久不裂。视用锡板、石板者，巧拙迥别，城北有张九如者，亦善此技。

护国庵在骁骑营，距凤台里许，地势甚高，盖明时设仓之所。中有斗姥阁，开窗远眺，雨花、钟山诸景尽在目前。吴上舍岐祥即其地，莳花种树，作为别墅，题曰“怡园”，一时名流多宴集其中，为城南一胜。僧德峰善琴。

马府街，天长王太守者辅宅，百年前极园亭之盛，今已易主。台榭倾隳，四围缭垣尽成平壤，惟校尉桥畔池塘一面，疏柳萧萧而已，居人犹历历指之。其后裔在状元境卖旧书为业，名石渠阁，装订最善，为修旧书名手。

武提督宅在新桥之南，地名梧桐树。门前有“元戎第”扁额，今为义学，改题“继善堂”。棨戟门庭甫及百年，顿就湮没，可叹也。

张侯府在大中桥襄府巷内，盖前明襄国公故府，今桐城刘氏赁居之。侯讳勇，康熙间以征三藩功封侯，世袭。

梅花以隐仙庵为最古，乃六朝遗迹。聚宝门外能仁寺一株，色淡红而心素，枝多下垂，呼为覆水梅。寺已败圮，开时游人杂遝，虽不足与隐仙抗衡，然亦后来之秀矣。

正二月间，刀鱼入市，头有二长鬣，最所护惜，稍触之辄伏不动。然出水即死，故活者少。其味鲜美，遍身皆细刺，老人食之颇不爽口。方茶山观察谓为“鱼中小人”，讥评最当。

报恩寺藏经板，明初颁赐，令广印行。其目录、条规具载

《金陵梵刹志》，是为南藏。他处或残缺皆诣寺补印。宏觉、灵谷、鹫峰所藏亦此本也，近封崇寺住持敬玺，请印北藏全部，计费数千金。今丛林北藏仅此一部而已，若嘉庆间水月庵改建正觉寺，亦有北藏，乃钦颁之物也。

明宁河王邓愈墓，在安德门内邓府山。山高而顶方，当作土星。墓踞其巅，循石径数十级而上。其后裔重修，甚为完整。墓道有门，两旁刻砖联云："高密前勋传铁券；宁河楙绩著金书。"中山王徐达墓在钟山之阴。嘉庆间，康方伯基田，种松数千株，树碑于墓前，至今木已拱矣。明初功臣多赐葬金陵，修整可观者惟二王而已。

马鞍山有三：一在定淮、清凉二门之间，俗呼小匡卢，有大悲岭，《六朝事迹编类》所载"去城十里，西临大江与石头接"是也；一在钟山灵谷寺之东，八功德水从山下通出，见《灵谷寺志》；一在江宁西南三十五里，见《乾道志》："今牛首之西，有马鞍山，由吴山西来。"朱先生元英墓后过峡处，盖即《乾道志》所载者也。

小仓山东岳庙内，有海棠二株，三月间花开时，游人如蚁。其地亦名小桃源。又，丛霄道院及永庆寺地楼亦有海棠，旖旎可观，八月桂花尤好。春秋佳日，冶城西北最堪游憩者以此。

鹫峰寺轮藏殿之右饭堂，老僧明彻主之，有花癖，庭砌遍莳牡丹，异种甚多。初夏时，以竹筒盛贮水插以芍药，安放绿丛中，高下鲜妍，恍如真本。明彻年逾八十，神明不衰，咸谓"来生必享富贵"，自壬午化后，连遭大水，其花无存矣。

名山诸胜，僧占居多，惟雨花台吕祖阁、朝天宫飞霞阁二处高踞峰巅，万家烟火一览而尽，最为胜境，羽士主之。虎踞关之隐仙庵，丹桂荫庭；干河沿之不二庵，白莲盈沼，以及灵应观、小桃源诸处，皆可游览者也。昔李笠翁云：“遍庐山而揽胜者，皆佛寺也，道观惟简寂观而已。释道应作平等观，何世人厚于僧而薄于道如此？聊题一联云：‘天下名山僧占多，也该留一二奇峰栖吾道友；世间好话佛说尽，谁识得五千妙论出我仙师。’”

小彩霞街聚峰园前开酒馆，池亭树石，结构紧簇，中有太湖石，头锐旁张，作款款点水之势，名曰“飞燕投湖”，透、瘦、皱三者具备，旧为叶氏产，今易主矣。

太平门外，沿湖有堤，名曰孤凄埂。志称：“明初，沈万三故园在其处。”郎仁宝《七修类稿》亦载之，旧有牡丹高丈余，国初始废。今驻防城内，何氏宅有数本高出墙表，春日浓艳丛开，花大如斗，亦花之富贵而兼寿考者。

秦桧墓在木牛亭，出聚宝门七十里，又名牧龙亭。元兵渡江屯墓侧，兵士践溺，呼为秽墓。万历间曾被发掘，今已湮没无传。其后裔犹有居其地者，皆改为徐姓矣。《建康志》又载：“桧墓在牛首山，去城十八里。”然今牛首去城三十里，何云十八？而近城之山，别无名牛首者，其误可知，且其第三十七卷《文籍志》引杨诚斋《宿木牛亭秦太师坟庵诗七律一首》，正复自相矛盾。桧墓在木牛亭，实有明征也。

大中桥西顾尚书坊旁款铲去，传为严嵩书。阮大铖宅在城南库司坊，即今小门口处，俗呼为裤子裆，盖嫉之也。一时权奸千古同恨，直道自在人心。

四象桥畔毕氏宅，疏篱一曲，小屋数椽，垂柳依人，波光映带，行者过之，辄为停盼，近改为茶肆，门庭溷杂，与五亩园有同慨矣。

唱经楼北有双龙巷，创始无可考，闻诸父老云，乾隆四十九年，纯皇帝巡幸，曾邀垂问。有司亟为修理。然地处僻隘，未觐宸游。至今，巷口二石龙头屹然尚存。

河豚鱼，扬、镇二郡大行，金陵间有之，而食者绝少。嘉庆间，下浮桥瑞芝坊酒肆，皆镇江人烹食此物，弃鱼子于门外，有担灰粪者取而食之，毒毙三人。品味之美，虽屡经昔贤品题，而拚命食之，以口腹殒身，殊可不必。又，滨江洲渚间，所出鳗鱼极肥。江中常有浮尸，鳗必聚而啜之。渔户多取以为利。此亦不可常食者也。

性海师，凤阳人，嘉庆间住鹫峰静室，律行精严，持银钱戒，一介不取，常讲《华严经》于祐国庵，后遍游名刹，卒于金山。预知化期，荼毗后有白色舍利，大如卵，著有《华严经解》、《反约集语录》祐国庵即关帝庙，在善政街西河沿对岸，为洞神宫。

扬州，其谷宜稻，吾郡所产，与他处同，惟观音门一带粒长而白，谓之观音籼，作粥最良；南门外谷里村之金牛洞，上下数里间，色红而味香，作饭耐人咀嚼，谓之“到地南乡”，皆谷中之特异者也。

丛霄道院在冶城西北，地颇幽僻，有济祖殿，祈祷甚灵。救生局设义冢于其地。道士长命贵，经理妥善。其年已逾七旬，须色纯黑，目炯炯有光，尝为人禳疾，拜斗辄效，盖羽士中不可多得者也。

导引之法可以却病。嘉庆间,有张姓行五者,其术最善。躯体短小,弱不胜衣,极有功力。患瘵疾者,多从学焉。行止坐卧,一任自然,聚精会神,以百二十日为度。如通三关、运辘轳、鸣天鼓、灌丹田之类,一遵古法,最忌房事,犯者不可救药,灵效甚著。年及耄耋,精神矍铄,如五六十岁人。又有汪仁长、罗秉文,皆擅此术,先后齐名。

江宁县署,洪武初建,为宋东南佳丽楼故址,元集庆路总管府也。或谓地为牛形,大堂隆然特高,像牛首;大门外左右低洼,凿有二井,像牛眼;照壁后为官沟,正中凸起,有二石孔,像牛鼻。其对巷屈曲欹斜,仅容一人,似贯绳状,名曰牵牛巷。语虽附会,然堪舆家有喝形法,详张子微《玉髓经》,亦自有理。近来城中屡遭水患,而县署独无水,盖其地势特高也。

予家之西,有绫庄巷,俗呼为灵床。居人恶之,书"绫庄"以志其实。按:巷之直东曰绒庄,转北曰帽儿行。"绒"与"绫"义相近,盖卖帽绫者所居,同一贸易之所,其为绫庄无疑。

旃檀林有二:南在报恩寺,北在干河沿。其园池修整,寮舍精严,以北为胜。"报恩"不过坐拥厚资,杜门谢客而已。寺内又有天禧堂,亦系房头所居之屋,皆作田字形,其富与旃檀林相埒。

冶城山为省干,尽结余气,布为青溪以西阳基。宋太宗雍熙中,于冶城故基立文宣王庙。天圣七年,张士逊奏徙浮桥东北。景祐中,陈执中又徙府治之东南,即今县学,详《景定建康志》。是其始圣庙,原在冶城北,宋人固早有卓见矣。嘉庆间,府学大成殿灾时,有建议者请迁冶城,改朝天宫为府学,而移道家神像于府学，未为无见，惜不果行。

元至元中，西僧杨琏真伽毁会稽南宋诸陵，断理宗头，漆为饮器。琏败，归内府九十年矣。洪武二年正月，诏宣国公李善长求之，得于僧汝讷所，命瘗聚宝山，立石表之，见《贝清江文集》。今方公祠后梅冈有石冢，其形如椁，与长干塔相对，或谓即其处。然据宋学士景濂文集云："洪武二年，瘗诸高座寺之西北，次年命藏诸旧穴。"是初葬在此，后仍迁会稽也明甚。俗又呼为马回回坟。按：浡泥国本阇婆属国，在西南大海中。洪武四年，国王马谟沙遣其臣亦思麻逸，贡犀角、龟筒等物。永乐六年，率其妻、子来朝，卒于南京会同馆，赐葬长干石子冈，详《明史》及姚虞岭《海舆图》。或其地始瘗理宗头，永乐间，复葬马谟沙耳。朱述之大令绪曾《浡泥国王墓诗》云："阇婆西去岛门通，臣妾来王礼会同。上国龙蟠兼虎踞，下方犀角暨龟筒。一抔骨恋长干土，万里魂归大海风。生葬中原真足幸，孝陵咫尺觐穹窿。"或疑石子冈在安德门外，不应在长干，不知聚宝山古曰石子冈。《元和郡县志》："谢安墓在县东南石子冈。"《南史》："始兴王叔陵母彭氏卒，启求梅岭。发故太傅谢安墓，葬之梅岭。"即梅冈。今聚宝山正下接梅岗，其为石子岗，可证也。《建康志》引《旧经》云："此冈多细花石，故名。"袁简斋先生《江宁县志》谓："石子冈有三：一在安德门外，与白杨路近，即今望江居；一城南凤台冈，即今凤台门之玉带庵；一为雨花台下梅冈。"据此诸说，则浡泥国王墓在石子冈，正指梅冈而言也。

明王襄敏公以旂宅在驯象门，每还宅，恒迂道避人，当时服其盛德。今王氏居其地者，尚有数家公之裔也。墓在北山，石人、石马、坊表犹存，与徐中山、邓宁河诸墓相埒。

聚宝门外，县丞廨处，冈阜隆起，盖古越台址。《江宁县志》作“兵马司冈”。其名久不传，今俗呼为南冈，非也。南冈在江宁城南。《晋书·郭璞传》：“王敦收璞，诣南冈斩之。”《南史·沈庆之传》：“徒步归南冈。”顾文庄《客座赘语》：“周子隐读书台下，旧有光宅寺，梁武故居。六朝士大夫多家此，地名南冈，应在蟒蛇仓处。”今剪子巷，盖古乌衣巷，晋时王谢多居此，其南即蟒蛇仓，可见顾说非谬也。

达宗和尚名正真，号西斋，湖南湘潭人。年十八出家于其乡之祇阁寺，颖悟超群，研究内典，一见辄了，以天台贤首为宗。乾隆末至金陵，诸刹敦请住锡皆不就。鹫峰久经颓圮，而地占东园，有城市山林之胜。师欣然乐处，以兴复为己任。乡士大夫闻之，檀施日众，十余年间，规模具备，殿阁一新。师辩才无碍。王梦楼、姚惜抱、顾彂庵诸先生咸推重之。晚岁传法于弟子脱凡，逍遥行脚，寄迹维扬，年逾六十，示微疾而逝。有《西斋诗稿》。逝之夜，犹拄杖阶头，与二三侍者说《涅槃经》云。

笪桥灯市由来已久。正月初，鱼龙杂沓，有银花火树之观，然皆剪纸为之。若彩帛灯则在评事街迤南一带，五色十光，尤为冠绝。

秦淮灯船，昔人称之。今则纯用玻璃，四面照耀。旧时羊角，久无用之者，其船大者曰走仓，小者曰藤棚。近又有新式船，小于走仓而特大于藤棚者，谓之四不相，出奇制胜，人争雇之。此亦厌故喜新之一端也。

严子静上舍观，冬友侍读之子，善承家学，博通金石，著有《元和郡县志补》《江宁金石记》诸书，为人朴浑，无机械心。遇虎田间，略不为动，见者骇绝。尝游楚，有《湖北金石诗》数十首，予得其钞本。诗不尽佳，而以其有嗜古之癖，未忍湮没无传，采入《金石题咏汇编》。

明南漳郡主墓在板桥杏华山下，仪宾周顗合葬，俗呼周府坟。旁为祀田，今尽鬻去。郢靖王楝，太祖第二十四子，永乐六年之藩安陆，十二年薨，无子封除，留内外官校守园。王妃郭氏，武安侯英女。王薨逾月，恸哭曰："未亡人无子，尚谁恃？"引镜写容，付宫人曰："俟诸女长，令识母。"遂自经。其三女封光化穀城南漳郡主，宣德四年移居南京，见《明史》。仪宾，字英璧，见《倪文僖公集》。上元周石渠秀才书，仪宾之裔也，藏明诰敕文云："古之君天下者，子孙有女，必锡封号，叔祖郢靖王第三女，今已成人，特封为南漳郡主，配安陆州京山县周鼎之子顗，彼为仪宾，尔为郡主，既入周氏之门，恪遵妇道，闺门整肃，内助常佳，毋累尔父母生身之恩，尔惟敬哉！宣德三年十二月二十日。"朱述之大令绪曾题云："礼比王姬降，恩从帝室加。脂田空建业，舞袖忆长沙。旧宅难寻燕，荒园只问鸦。板桥西去路，抔土夕阳斜。"石渠家贫子幼，所藏诰敕，恐致遗失，故特识之。

今盐巡道署，旧为按察使司。大堂侧尚有碑。盐巡道即旧驿传道。其署本在府治西，今为南捕通判廨。江防同知旧廨，在府治之右，今屋宇无存，为是官者，皆租赁公馆焉。

志乘为一方掌故，攸关一切。小说家言，焉可拦[1]入？袁简斋先生所修《县志》引《板桥杂记》云：“行酒纠觞，留髡送客，酒阑棋罢，堕珥遗簪，真欲海之仙都，升平之乐国。”又引《稗海》云：“郑合敬及第后宿平康，赠妓诗云：‘春来无处不闲行，楚闰相看别有情。’”楚娘、闰娘，妓之尤者，以及唐杜秋娘，宋杨爱爱等事，虽语涉风雅，何关纪载？后有修者当芟削之。

和硕简仪亲王，讳德沛，字济斋，太祖高皇帝弟舒尔哈齐四世孙，蚤岁应袭父爵，为镇国将军，让与从子，入西山读书。世宗宪皇帝以果亲王荐召见，问所欲，曰：“愿侧身孔庙，分特豚之飨。”世宗器之，授兵部侍郎。乾隆初，总督江南，所至黜陟大公，不避势要，视民如子，尤爱士，以实学期励。每朔望，躬莅钟山书院讲书。诸生公服环听，咸宗仰之。寻以议河，与河帅高斌不合，内用。十四年，简亲王神保住获谴削爵，诏以王袭封。今书院讲堂之左，奉王神位，春秋致祭。堂隅有石碑，刻曰“济斋夫子讲学处”。士林景慕，没世不忘。水西门外莫愁湖侧，又有简亲王祠，则康熙时扬威大将军也。

凤台门，外郭十八门之一也，有花神庙，旧有联云：“过眼说繁华，漫劳寻芳草吴宫，秾花晋苑；同心勤报赛，最难忘春风山郭，秋雨江城。”却移易他处不得。每岁花朝，卖花之家，各以花供献几，牡丹、芍药、海棠、碧桃之属竞秀争研，备极其胜，谓之花神会。一熊姓后至，老于花事者也，袖出素心赣兰一箭，众见之，已为惊叹。无何，复于怀中出一布巾展视之，有

① 同“阑”，“阑入”即进入。

稻穗数茎，长二尺许，结实离离，菁蒨可爱，以小瓶供之，咸愕然称绝。春未及半，而良苗怀新，真神工也。

旧俗，妇人以黑绉包头。绸缎廊谈见所、奇望街汪天然两家皆以是著名。汪天然自明迄今，世守其业，门前招牌“汪天然家清水包头”八大字，为昇州徐表书。庭中有大石盆贮水。相传昔时来买者，必令以盆水浸之，示其无欺。古道犹存，非若后人之作伪也。今则竞尚繁华，虽小家妇女，亦皆戴用花箍，此物不行久矣。

大山寺在牛首山西，见《江宁县志》。今西善桥之东，田陇间有方墩，大可数十亩，凡牛首以西诸水，悉由此出，形家所谓水口罗星也。其上有古寺，俗呼曰太冈寺，有香楠树一株，大数围。以其地考之，盖“大山”而讹为“太冈”也。《县志》又载：“团林庵在凤台门外小丹阳地，元顺帝三年建。”今其庵尚存，然小丹阳距聚宝门九十余里，安可以“凤台门外”四字概之耶？故修志非土著人而留心掌故者，断不可以从事。

汉西门内罗汉寺，其地亦名罗寺转湾；又其旁有罗廊巷。按：宋太始中，号延祚寺。唐有罗睺和尚建塔寺内，亦曰罗寺，盖即其地，今皆为民居、菜圃。聚宝门外普德寺，明内监刘瑾尝修之。寺内有瑾像，僧讳言之，指为伽蓝神。两廊有五百罗汉像，奇形变态，无一同者，创造之工不在杭州净慈之下。

登巍科膺显秩者往往建立牌坊，苏、常最多，予乡则少。前明如徐中山大功坊、常开平花牌楼，伟绩宏勋，此为最著，今漫无其迹矣。梁材尚书坊在武定桥西；王以旂太保尚书坊在驯象门内；许谷会元坊在大功坊西，当是今许家巷；邢一凤及第坊在武定桥，见《金陵世纪》、《金陵私乘》诸书，亦皆无存，惟大中桥西顾尚书坊，岿然独峙耳。

国朝胡任舆状元坊，香楠木所造，极为宏壮，二百年来犹存。陈会元、秦状元皆未尝建坊也。他若十庙之英灵坊，鼎新桥之建安坊，城北之单牌楼、双牌楼、三牌楼、四牌楼，土街口之芦政牌楼，汉西门之牌楼，新桥之牌楼，徒有其名而无其实。又利涉桥侧有牌楼题“桃叶渡”三字，镇淮桥有牌楼题“巷舞衢歌”四字，久毁于火，惟内桥界牌坊，南隶江宁，北隶上元，嘉庆间始毁，予犹及见之。

凤台门外皇姑庵，祀明中山王第三女，旧有联云：“薄皇后而不为，一生来迹遁空门，心伤魏阙；对父王共无愧，千载后清同淮水，高比钟山。”不著撰人名氏。相传其故居在秦淮之南，中山王墓在钟山之阴，故次联云尔。

淮清桥桥门旧有集刘梦得、韦端己句，云：“淮水东边旧时月；金陵渡口去来潮。”极称工雅，惜嘉庆己卯拆桥重建，此联遂失其旧。

张镜溪先生，儒而医者也。居黄公祠，精通脉理，著有《难经解》若干卷藏于家。嘉庆壬申五月，家大人病温症，半月未大解，诸医束手。予赴关帝庙祷签求医，签句云：“幸有当台明镜月，请来对镜破机关。”陈超人外叔祖素与先生友善，力荐之，诊曰：“此第积热未化耳，不难治也。”药中用人中黄三钱，一投而病愈，其效如神。令嗣镂、镛皆庠生。镛，字子金，文名冠一黉，从游甚众。先生一生未遇，穷老以终。天不报于其身，而报于其子欤！

卷　三

藏书画者，上新河贺氏最为繁富。贺某，山西进士，官知县。收书画，其素癖也，今已物故。其子尚守之。竹桥汪氏多宋元人手笔。商邱宋端已久馆于其家，善摹临名迹，其手笔居多，直可乱真，有目者当别白观之。周次立刺史以勋摄郡守时，旧家故物多被网罗而去。陶上舍穆堂藏弆亦精，有上元老人扇面百余幅，尤为精绝。内兄周伟奇所藏多明代国初人物，杰作甚多。蔡友石太仆世松，精鉴别，收藏尤富，归养家居，以书画自娱，与人评论亹亹不倦，择所藏名人墨迹，钩摹上石，为墨缘堂帖，真信而好古矣。

正阳门外有地，不生青草，为方正学先生受刑处。午门内正殿阶石上有一凹，雨后拭之，血痕宛然，亦传为草诏时齿血所溅，盖忠义之气融结宇宙间，历久不磨，可与黄公祠血影石并传。

台城一段犹建业遗址，俯临后湖，登眺最胜。城下向东有门堵塞，俗呼为台城门，或谓即古北掖门，为广莫门旧迹。按：台城即吴苑城，晋成帝咸和中修缮为宫，周八里，乃在都城之后别为一城。刘宋于台城东西开万春、千秋二门。而所谓“广莫”者为都城北门，在十二门之内，非台城也。今台城向东之门盖万春门之故迹，明初开拓城基，因旧址而成之，安得指为“北掖”而以“广莫”当之乎？请质考古者。

衙署宅门皆在正堂后，藩署则在堂之右偏。正堂暖阁后为延安殿，有祟楼，奉前明徐中山王暨王妃像，香火洒扫设有专司。莅任之初必先祭奠。嘉庆间，方伯先茀将入署，吏以为请，不行。曰："彼亦前朝人臣耳！"无何，阖署头痛，祀之乃安。地为王之旧府，灵爽凭依，胡可亵耶！

康茂园方伯重修《玉海》，胡心斋师为分校于瞻园中，书室僻寂，距内宅最远。一夕月明人静，馆僮惊呼，入室言："过园中竹深处，见一女子独立林间，顾之而笑，转瞬忽灭，盖狐魅也。"师闻之，置不为意，自是亦不复见。见怪不怪，其怪自灭。信然！

道光癸未夏秋之间，江南大水，平地高数尺。滨江居民田庐悉被淹没，溺死者无算。棺柩乘流而下，救生局绅士在靖安厂捞埋一千有奇。先是壬午年，鸡翅生爪，或谓鸡属金，金旺，生水之象。

督粮书吏张某，方晚餐，忽闻剥啄声甚厉。阍者启视，客非素识也，登堂请见主人。及出，而客已无踪矣。是夕，某忽溺死于荷花缸内，叩门索命，是何冤业耶？

癸未八月二十七日戌时，城中钞库街回禄。文德桥上观者如堵，桥阑挤倒，溺死三十余人，受伤者无算。中有某氏子，售零绸为业，先一夕闻有呼其名而叩门者，启视杳无人迹，次日遂罹此难，非钩魂摄魄而何？

北宋都酒务印面篆文："监江宁府都酒务记"，凡八字；背行体文："天禧二年八月少府监造"，铸凡十字。道光癸未仲秋，祺仁伯兄得于神策门外张家冈农家。以宋三司布帛尺度之，厚五分，径广一寸八分，纽长一寸半分，厚四分。径广一寸，核以今尺，当益一寸二分。惜纽上及边角有镵锉痕。乡愚掘土得之，疑为金也。按：天禧二年改昇州为江宁府。宋制，各州县置酒务以榷税，此当改府时所铸。少府监，南宋后并工部。凡符印之制，亦与同焉。《景泰建康志》："总领所在行宫西南都酒务北，则都酒务治当总领所之南。"今不知所在。近来方志皆不载。予昔与陈雪峰文学宗彝为之考，伯兄纪以五古装册征诗，题咏甚夥，此亦金陵古金之遗也。

鸽子桥在笪桥东，旧名闪驾，景定二年，马光祖重建，更名景定。其北为鸽子市，见《金陵世纪》，故今名鸽子桥。桥北当街又有一桥，名羊市，亦名大市。此乃后人更易，其实为宋之西虹桥也。

南唐御街在天津桥南，直对镇淮桥，至南门台省相列，夹以深渠，东西有锦绣坊。西锦绣坊即应天府街，详《金陵世纪》。今江宁府治为应天府旧治地名。府西大街当即西锦绣坊，予家居宅正当其处。其东有街通旧王府，初有过街楼，名文昌阁，毁于火，道光癸巳移建凤池书院，以余资建牌坊，题曰"东锦绣坊"，志旧迹也。

安品街普利寺，明景泰间建，天顺间赐额；自万历戊戌遭火后，寺遂荒圮。大门左右有二铁狮子，光黝如漆，俗呼为铁狮子衙。其东有关帝庙，二十年前已成荒地，前江邑令钱君有序感神示梦，乃重修之。

明驸马赵辉，尚太祖女，输心燕王。宅在常平仓西，今为民居，犹呼赵府。或谓辉宅在北安门外，俟考。三坊巷赵府，国初陕西赵公良栋故宅，内有松三堂，梁柱皆楠木，尚存。其后即徐九公子园故址，石台、假山拆毁殆尽。又《府志》："襄城赵府为理事同知署。"今其地名襄府巷，是城中有三赵府也。

《县志》载："明英国公府在剪子巷内。"今门东小英府盖即其地。然剪子巷外又有大英府，岂当时有二宅耶？

上浮桥西玉带巷，旧指为俞通海宅。今中州会馆内石坊尚存，南临淮水，虽无字可识，而雕凿狮子气象轩昂，非公侯家不办。郡志未载。袁简斋先生《江宁县志》称："明成国公宅在上浮桥西南，临秦淮。"姓名独阙。通海封爵为虢国，或有误欤？

蟒蛇仓石观音像，倚山凿石而成，为梁光宅寺故址。像下有石孔，以竹探之，深不可测，或所谓郗后窟耶？朝阳门外观音寺，本灵谷下院，见《梵刹志》。殿后有石壁高二丈，广如之，背刻"水晶屏"三大字，孝感熊相国赐履书。正面凿大士像，光泽可鉴，如坐琉璃中，追琢之工，妙绝千古。又，麒麟门外坟头地方，道旁有大碑一段横卧于地，长五丈许，阔一丈，碑头作盘龙形，未凿成。土人于碑上曝稻，可容三十余石。相传明初所遗，将以备孝陵用者，盖当时因笨重难运，故置之耳。明胡广有《游阳山记》言碑石事。观此而明祖之好大喜功可知矣。

玉泉赤鲤为西湖一胜，金陵无之。灵谷八功德水池内，畜文鱼百余头，皆赤鳞、三尾，有大逾尺者，或两目突露，圆如棋子，谓之龙眼，仰沫承流，见人不避，此外则不恒见矣。

卢妃巷为南唐宫址，南宋为行宫。中有老王府，皆成菜圃。巷名"卢妃"，其称名必有所自始，特为南唐为南宋，无从考矣。

《钟山书院志》载:"月课奖赏,按照名次将银封固,写明某生姓名。江宁府前一日晓谕诸生,届期面给,不假手胥役,每月初二日给,薪水亦然。"今则无郡守管理之事矣。胡心斋师云:"康茂园方伯放薪水,必悬牌谕诸生赴署面给。赏拔之士,且谆谆垂问以察勤惰,犹存古风。"

黄周星,字九烟,崇祯间以进士授户部主事,甲申之变,弃家走闽中,至康熙癸亥始卒,载入郡志《隐逸传》。湘潭周石帆先生,乃其裔也,癸未视学江苏,有童伍某得九烟真迹献之,大喜,是年遂入泮。

覆舟山,鸡鸣寺东北一阜,下临小教场者是。吕太守燕昭新修《府志》力辨其非,以太平门外蒋庙之西仓山当之。予按《寰宇记》称:"东接青溪,北临真武湖,状若覆舟。"仓山在后湖之北,岂非南临后湖乎?小教场即今小营。其东南太平桥、竹桥为青溪故道,适与覆舟相近。仓山南临后湖,形状不肖覆舟,安所谓东接青溪哉?宋张敦颐《六朝事迹编类》:"乐游苑在覆舟山。"《晋书·礼志》:"北郊坛在覆舟山南。"今小教场,地处平坦,正设坛开苑之所,又何疑焉?志称"其北立堤,西达宣武城,以蓄湖水"。今城跨山后外皆危堤高埂,正蓄水之明验,其非仓山益较然矣。

淮清桥之东青溪祠,旧祀青溪小姑,南朝甚著灵验。《舆地志》:"青溪岸侧有神祠是也,隋平陈,斩张丽华、孔贵嫔于栅下,南宋时并祀之。"《六朝事迹编类》已称"祠有三妇"。然今则祠额犹旧,仅小屋一楹,塑男子像,优伶祀之,名曰老郎神,谬妄愈失其真。按:王渔洋《分甘余话》:"秦淮青溪上有张丽华祠，作二诗以纪之。”盖国初犹存也。

惜字乃士人分内事。俞君廷飏，字晓楼，上元诸生，家贫嗜学，居近四条巷文昌庵，创惜字会。甲申，藩署大火，案牍烬余，堆积如山，倡首募捐，曝而焚之，灰抛大江，乃仅领一衿，年甫三十而殁。乡党惜之。

外曾祖母陈张氏，奉姑极孝。姑御之严，曲意承顺，怒时常被拎耳伤肤而毫无怨言。及姑年老遘笃疾，扶持溲溺，皆所躬亲。姑弥留时泣下曰：“真好人也，但愿汝生天耳。”姑殁，遂茹素终身，日诵《准提咒》千余遍，年逾八十，无疾而终。予继慈幼时最所钟爱，尝诫曰：“凡事以忍辱为先，得便宜不小。”至今族党犹啧啧称之。

吴继堂孝廉增高，家本休宁，迁居上元，天才卓荦，嘉庆戊寅为湖北帅仙舟侍郎承瀛所取士。素有颠疾，屡上春明不第，疾益剧。常游莫愁湖上，独坐啸歌，信手挥洒，留题满壁。尝作《阎罗王赋》，取裁谲诡，累千余言，一时传诵，卒时年逾三十耳。戊寅乡试诗题《一树百获》，首句云：“策定终身早。”家严决之曰：“寿必不永。”盖诗谶也。其弟因培入上元学，为予妹倩，故备悉之。

吾师胡心斋先生，母氏陈，讳立，字芷君，浙江仁和人。幼承母训，博通群籍。家贫，夫游幕于外，教养三子成立，未尝就外傅。师，其季子也。母嗜学不倦，天文、金石、医卜之学，靡弗精究。有舒氏妇死将殓矣，母诊之曰：“气闭耳，非死也。”以药灌之，霍然而苏。驻防妇女就医者无虚日，多以义母事之。诗文慷慨沈郁，似古作家。桐城姚惜抱先生为作墓志，称为“女子作诗者之冠”。所藏古碑帖甚富，著有《合箫楼稿》、《庸言》、《女识》、《六箴》，藏于家。予生也晚，未获及见，从师游久，得聆其绪余，才全德备，媲美欧、陶，夫复何愧！

母之兄弟、妻之父、妇谓夫之父皆曰舅，其义宜也。俗谓妻兄弟曰舅子，又曰内兄弟。按：明南京国子监刻《二十一史·晋书》，有何超字令升所撰《音义》二卷，其内兄杨齐宣为之序。古以舅之子为内兄弟，姑之子为外兄弟，故杨述令升为我仲舅之子而称为内弟。今以之谓妻兄弟，盖以为外舅之子，而通用之耳，或曰小舅，犹之妇谓夫兄曰伯，夫弟曰叔，字同而义异也。

黄为中央正色，民间吉礼不敢妄用，而齐衰期服、发辫皆系黄缕。积习相沿，毫不为怪。嘉庆丙午，钟山课试。钱塘陈香谷方伯桂生亲诣点名时，易晴江编修长发为诸生，以祖母丧，辫系黄缕，过其前。公诧问之，指示其非，即令易去。今时讲此者罕矣。

关帝庙制以城北十庙之末，规模最为壮丽，俗呼武夫子庙，与府学文庙相配，总督以下皆致祭于此。其余如小教场庙，城守致祭；驻防城庙，八旗致祭；督署箭道庙，亦总督致祭；小仓山庙，绿营致祭；府西大街庙，府学官致祭；江宁县署庙，本县致祭。凡此皆属于官。又如城西南吴家园、内桥北大街、安品街、普利寺之西致和街河沿，今名佑国庵。鹫峰寺之西，聚宝门外雨花台旁及五圣巷内安德门，今为浙东会馆。凤台门、上方门、孝陵卫冈、观音门、燕子矶等处皆有庙。甚矣！威灵之广播也！庙内楹帖，多引用演义，语殊失雅驯，惟安品街庙一联云："先武穆而神，大汉千古，大宋千古；后文宣而圣，山东一人，山西一人。"可谓包扫一切。

许公兆椿，字秋岩，湖南[1]云梦人，乾隆间为郡守，发奸、摘伏、听谳如神。先是诈骗之风甚炽，公将莅任时，南门外田氏布铺，适受奸民凶骗之累，几至倾家。邑丞冯公光熊以实告公。公出访牌严拿，刁风顿息。后擢方伯，值岁旱，江北饥民踵至，骚扰闾阎，白昼为之罢市。公下令驱逐出城，于仪凤门外设厂，按名给钱，押令渡江，回籍就赈，不许一人他徙。居民自是安堵。官至漕督。崇祀名宦方公昂而后，惟公一人而已。

搭盖桥棚，非特毁损桥梁，侵占道路，而比屋鳞次皆芦席、板壁，火患尤可虞。近年淮清桥、笪桥重修之后，已勒碑示禁，而长干桥、镇淮桥、新桥、大中桥、内桥、元津桥、斗门桥诸处仍然如故，若一体禁止，亦善政也。

大城今通行者十门，而通济门第一道城阙内，左右各有瓮洞可容百余人，相传为屯军之所，盖通济与东水关近，防守较严，故其制与诸城特异。

顾遯园《客座赘语》云："婿之亲迎者绝少，惟姑自往迎之，女家款以茶果。妇登舆则女之母随送至婿家，舅姑设宴款女之母，至天明始归。"今则姑不往迎，女母亦无随送之举，惟纳采时用大红帖写"谨詹某月某日恭备喜筵，衹[2]候光临"云云。请女之父母谓之礼书，徒存具文而已。

---

① 当为"北"。

② 衹，通"祗"。

旧俗嫁娶，男家必邀戚友四人，先吉服诣女家，俟彩舆将发而后返，谓之迎亲；次日，婿造女家谒妻父母，谓之谢亲。近则娶之日，女之兄弟必向男家争索钱财，名为开门钱，往往有较量锱铢，故为留难者。两家至戚尚斤斤于此耶？此最陋习！

万竹园邓氏，自元昭检讨旭始由寿州迁居金陵。其先世居苏州之洞庭山。始祖肃为南宋承事郎守左正言。肃于宣和壬寅，以论艮岳事被斥。靖康后，张邦昌僭乱，间关奔赴行在。其生平与杜少陵相类，著有《栟榈集》三十卷，残阙重编仅存十六卷，采进《四库全书》目中，世罕传本。道光癸未，嶰筠方伯廷桢以事谪旋里，将所得《栟榈集》钞本及元昭检讨《林屋山人集》两书命代为校刊。其《栟榈》一集讹脱最多，从《宋诗钞》、《宋元诗会》、《宋百家诗存》诸书中搜补以成足本，付之剞劂，阅二载书成归之。

铁汉和尚，居牛首东峰下，独坐数十年，尝蓄二猿子自随，有所须，猿辄解意。与龙眠方坦庵学士拱乾善，特构一轩，方来即居之，号曰坦轩。和尚化去，二猿悲鸣不食死，葬于塔侧。学士题其遗像云："两个猕猴杖一根，献花石上独称尊。怪公事事皆超脱，留此赃私误子孙。"见王渔洋《池北偶谈》。乃高僧也。后之修志者当采之以备旧闻。

予业师章玉堂先生，讳相，郡增生，与兄槐孪生。兄久困童试，未得一衿，年及四十卒，而先生则寿越六旬，娶邵氏姊妹为妯娌，亦孪生，姊先数载而亡。里人罗攀元，弟云骧，孪生也。攀元年及五十，有子四龄。弟早故，无嗣。又，李姓有孪生女，嫁后，姊三年而寡，妹独多男，且偕老焉。年、月、日时皆同，而寿夭穷通互异甚矣！命理难测也。故予最不喜谈命。

胡心斋师云："古书不刻圈点。而古文不传之秘全在圈点。"归熙甫批《史记》，以五色圈点别之，所以示心法也。姚惜抱先生《古文辞类纂》稿本有圈点，始刊于合河康中丞绍镛，既而吴佑之明经启昌亦有刊本，雠对较精。然圈点全行削去，终一憾事。又云："学古文全从读上得。"亦闻诸惜抱先生者也。

唐拓《九成宫》，海内仅有三本。一在桐城张文端公家藏之，三百年后归姚惜抱先生，先生德配张宜人，为文端公孙女，盖奁赠物也，宝如拱璧，不轻示人，后归曾宾谷鹾使，亦心斋师云。

纪伯钟有二：予家所藏为伯渊师故物，其一在倪明经德灏家。明经酷嗜彝器，三代法物藏弆甚富。嘉庆十九年冬过铜作坊，见铜肆内横一特钟于地，遍体泥滓，铭词莫辨，其甬已为击落，将入炉冶矣。亟止之，以白金二十两易归。细为揩剔，得铭二十七字，乃周纪伯钟也。以紫檀木作甬，如式设虡悬之，并颜其室曰"纪钟馆"。一时好古者传为盛事。爨下桐、柯亭竹，非遇中郎，谁为识之？吾以是服明经之精鉴。

钮非石树玉，苏州人，少业估，好古博览，行必载书以随，坐车中读。游钱竹汀先生之门，遂成宿学。研究许氏《说文》，老而益进，书法瘦硬通神，诗亦落落无甜俗气，士大夫咸重之。来金陵居孙氏冶城山馆，所刊各书，多所雠校。道光丁亥冬，又馆张古愚先生家，与家大人友善，数相过从，言论丰采，雅近古人，求之近世亦罕矣。

泾县朱兰坡先生珔，癸未、甲申间，主讲钟山书院，以经学勖士，成就者多。每月立小课，以经解诗赋试之，刊有《钟山课艺杂体诗》，多金陵故实，才调各具，美不胜收。今节录于下：张熙《金陵怀古》八首云："衔刀浮渡势纵横，真使吴儿破胆惊。火炬烧残无险阻，风帆利助有功名。谶文已被刁元误，谏表空教陆抗争。虎踞龙图零落尽，残宫何处问昭明。""群瞻紫气自东来，队队旌旗幕府开。五马人初占谶纬，一龙时已会风雷。渡头麈扇名流度，墅内围棋达士才。更忆新亭挥涕泪，山河举目是蒿莱。""永嘉四学不重兴，一代江山战伐新。父子悲成鸩食毒，埙篪惨失鹡原仁。黑衣宰相空谈座，黄阁尚书自扫尘。堪叹狂君呼寂寂，竹林堂鬼夜嗔人。""永明建武业都休，谁遣东昏据帝州。市令竟传芳乐苑，钟声空忆景阳楼。了无筹画防萧衍，枉乞神灵拜蒋侯。可笑白门须一决，宫中莲步讵能留。""舍身到底佛无灵，难解台城战血腥。留碣空修阿育塔，谈禅谁念涅槃经。紫云黄鹄符才验，白马青丝谶又形。元武湖边秋暮水，至今呜咽向渔汀。""漫说娄湖昔建坛，胭脂井畔晚风寒。临春结绮宫何在？璧月琼枝阕已残。耽酒才悲江仆射，承恩人恨孔都官。奈何鸟唤山头后，无复黄奴倚碧栏。""琵琶金屑忆南唐，红袖当筵鬓朵妆。花底曾编新叶格，宫中重谱旧霓裳。书成拨灯今留帖，卷叠澄心昔树堂。懊恼黄花新涨缩，凌波军已报消亡。""慈禧空殿没斜晖，剩有青山锁四围。南渡君臣终不振，北来将士尽如飞。额黏黄纸都门怨，曲写乌丝故老讥。怪绝孱王嗟岁暮，梨园犹恐嬖人稀。"顾逊之四首云："东吴割据逞雄谋，联络荆襄阻上游。献币倾心甘事魏，和亲有计敢吞刘。尽教虎踞夸江左，已报龙骧次石头。一自黄旗青盖后，秣陵烟月总如秋。”“六朝金粉剩烟峦，草草残棋一局完。绝顶河山怜半壁，百年文物叹偏安。景阳戍合疏钟动，台府兵喧夜月寒。堪笑降旗沿例树，建康何处觅龙盘。”“使臣拘守几时还，太息南唐国步艰。一种新词留乐府，三春红雨念家山。经翻贝叶宣宗旨，军号凌波绕佩环。卧榻岂容鼾睡久，不堪梦醒泪潸潸。”“壶浆箪食逆王师，又是中原逐鹿时。秦法首除欢父老，汉官初见识威仪。留京更比南朝重，旧苑空余故国悲。当日君臣陵墓地，夕阳衰草卧残碑。”顾槐三《长干塔》五排一首云：“阿育王宫塔，长干作镇高。宏规婆达认，初地萨诃褒。感现留青发，庄严涌白毫。安禅因舍宅，将作不胜鼙。花雨琉璃盒，香烟锦烂袍。留都新洒扫，踵事极雄骜。釜濡频蒸土，梯仙竞转槔。水衡颁内帑，宫式写仪曹。五色霞标建，孤撑月窟牢。悬缅搴铁凤，表柱截金鳌。呼吸排阊阖，规模肖旒陶。螺旋盘诘屈，蚁转磨周遭。宝气腾霄上，珠光闪睫劳。城低锥颖脱，山近笔锋鏖。朗耀龙衔烛，虚空雁落毛。层层安舍利，面面爇鱼膏。日镜垂璎络，风幡拥节旄。八窗开激电，九级壮神皋。数已恒沙历，灾难劫火逃。南朝春梦梦，东去水滔滔。事业成灰烬，英雄说浪淘。侁鼯穿古瓦，斋鸽下空濠。直恐轮倾堕，翻愁栋折挠。金涂余想像，宝藏亦萧骚。扶倩兜绵手，簏宜卍字绦。波旬仍度象，火齐复供猱。独有飞身客，能夸着翅豪。振衣凝浩荡，极目快翔翱。大地人都矮，诸天首重搔。山河分两戒，舟楫隐千艘。铃语翻劬秃，钟声挟怒号。冥心穷窟窣，倾耳怯风涛。影自名园落，绳应觉路操。醍醐思灌顶，轮马欲飞尻。同证浮屠果，都无下界器。题名如许记，江国有英髦。”又《访卞忠贞公墓》七古云：“王祥疵于忠，嵇绍劣于孝。惟公忠孝成一家，遗墓千年肃祠庙。天风懔烈吹长松，想见岩岩峙孤峭。雅量空闻说谢安，勤王已自先温峤。尔时祖述尚风流，挥麈清谈竞元妙。嶷然正色立朝端，司隶清风雅能邵。茂宏勋德冠江东，一卷弹文见风操。专心委任独蒙遇，涕泣床前受遗诏。失机颇怪白头公，只解南楼发清啸。历阳凶竖征入朝，豕突狼奔太阿倒。大桁东头鼓声死，殷天杀气烽烟照。裹疮督战气弥厉，救死扶伤独腾踔。一曲虞歌送国殇，千秋钟雅知同调。身先没阵盱眕随，临难依然见谈笑。当时戮力尽如公，岂致神州资寇盗。安东假节竟何事，懊恨石头坐遗诮。我今展拜过故丘，拂拭丰碑动嗟悼。劲草森森瓦石寒，斜阳黯黯蛄蝼吊。周身散发爪拳透，生气犹堪想姿貌。留都宫观郁岧峣，石马荒寒冷丹灶。剩有忠魂万古存，祠官岁岁溪芹芼。孝侯台亦当南城，高义云天同焜耀。”家祺仁兄七古云：“灵风肃肃飘松楸，苍鼯跳啸元蜚啾。冶城山色拥寒翠，天庆观侧悲荒丘。缅昔永嘉竞南渡，过江名士矜风流。恢宏道德慕高达，陆沉靡复思神州。劳劳不惜含瓦石，独执鄙吝谁其俦。一朝伧荒忽螽至，旌旗如翼张石头。青溪九曲相回洑，水烟如杂烽烟浮。诸君自效楚囚泣，清谈讵使妖氛收。惟公辛苦历征战，孤忠气郁风云愁。大航门外共授命，贼胆惊破君恩酬。遂使平南温忠武，决意一战擒蚩尤。噫嘻！夫为忠臣子孝子，被白衣者诚无忧。握爪自识忠烈守，崇祠犹感君王修。回首晋陵渺何处，寒烟蔓草空山幽。王谢衣冠委黄土，但看雉麦春风柔。甘墓冈头缅先泽，丰碑独向横山留。与公遥对峙千载，烝尝相共修春秋。回飚载旗灵雨降，令我四顾心惻惻。”先始祖晋于湖敬侯墓，在江宁横山之阳，地名甘墓冈。

唐陶山先生仲冕，湖南长沙人，寄籍山东肥城县。官至陕西布政使，晚年致仕，侨居城北寿星桥小东园。引掖后进，娓娓不倦，喜作书，凡有求者靡不应，年逾八旬，抝谦下士，署款必称某兄、先生，可见老辈风流，年弥高而德弥劭也。

考棚，旧在句容，因道路僻远，康熙五十一年改建城中明道祠旁，有碑记在府署前可考。而号舍颓坏，校士时若逢阴雨，渗漏不堪。癸未，周石帆学使案临，目击其苦，亟筹重整。适有童生，因案愿罚金修理，遂焕然一新，多士蒙利，感颂弗衰。

甲申，疏浚支河，于鼎新桥下掘地四尺，得铜刀，长三尺，上有七星文，下口铸龙首形，无款识，不知为何代物。伍孚尹先生光瑜，适董其役，得之归，作长歌以纪。歌云：“道光甲申浚支河，鼎新桥下严爬罗。掘土深入四尺多，忽得古刀于泥窝。百十夫众笑且诃，一齐协力扛上坡。反复次第刮且磨，钢锋闪烁森银螺。赭黄点点纷金珂，上有七星排蜂窠。长三尺许势岈嵯，铸骊龙首双眼涡。堆铜苍藓如青莎，其柄难已成烂柯。制拟偃月应无讹，传观人士手按搓。秦与汉与争摩挲，略同剑匣出太阿。异带哥舒向夜过，纵少铭志知其他。是千载物供挼抄，因思古昔将相科。宝刀载出神马驮，战场鼓行鸣金锣。侧刃倒曳银鞍拖，斩首百万擒么麽。不知舞动老廉颇，摇曳三辰无停梭。气凌北斗高巍峨，几许精光当空摩。何年此处遭坎轲，沉埋荆棘如铜驼。经几岁月易星娥，而今一旦出烟波。承平日久赋止戈，无他用此可奈何。把对神物挂烟萝，为思位置居有那。近闻淮湖涨漳沱，水族作怪堤坍堉。民为鱼矣湮沈痾，神灵显应大护呵。安得以之献伏魔，驱走蛟龙斫鼋鼍，乂安堰堡无蹉跎。清黄劈分调剂和，宵旰仰慰民病瘥。得宝俨如得嘉禾，吾辈快哉来吟哦。”用继少陵大食之刀学作歌。是刀犹藏于其家。

姚惜抱先生主讲钟山书院，先后二十余年，历时最久，教泽及人为最深。祺仁伯兄从游学诗，先生诱掖奖借，谓五律似钱、刘[①]，将来必成家数。新城陈硕士侍郎未达时，千里就业古文辞，得其心法。道光乙酉，典试江南，撤棘后，亲诣书院设奠，痛哭不已。休宁陈君仰韩暨胡心斋师，皆旧时同门老友，并躬自延访，赠以书篚，垂念故人古谊，殊不可及。

科场果报，自昔昭彰，近以乙酉科为尤甚。“寒”字九号一生，自书绝句于号板云：“薄采慈姑吟怨句，漫将益母寄相思。临行互剪罗衫袖，珍重啼痕好护持。”又书：“冤家已到，速速自裁。我死得好苦，惟其如此，所以如此，早知如此，悔不如此。”书毕交白卷而出。又“坚”字号一生，自言被披发鬼击其背，欲带赴城隍听审。神痴色变，仅写破、承，不能握管，遂扶出。嗣知此生为老枪手，并工刀笔。又一生卷面书云：“秋月楼头夜正长，春风帘下花初丽。”未完卷而出。又一生卷上书云“赵、钱、孙、李”，如是者数行，末云：“哪有许多赵、钱、孙、李？还有一百二十个赵、钱、孙、李。”均被贴出，不知是何

---

① 钱、刘，系指中唐诗人钱起和刘长卿。钱起的《湘灵鼓瑟》传颂千古，刘长卿则以“五言长城”自诩。钱起为“大历十才子”之一；有一种版本，将刘长卿也纳入“大历十才子”之中。古人行文，在对举两个或两个以上的人时只称其姓。

因果报也。皆目击实事,可补科名显报之遗。

张古愚先生,耄而好学,手不释卷,以吟咏自娱。喜读宋人诗,谓不事雕琢,可以抒写性灵,凡闻有节孝之事,辄纪以篇咏,盖留心风教也。乙酉六月,先叔孝子公逝。先生闻而嗟叹之,既撰像赞,复作《甘孝子诗》云:"士而贾,人所病;贾而士,人起敬。金陵孝子甘遐年,孝友淳良出天性。居贫废学估于廛,身在市门,心则无刻不在父母前。甘脆鲜洁,市归必亲奉,嬉戏亲侧如童年。母或时焉有所怒,长跪母前曲开谕,必得母喜后乃安,小孝子之称乡党布。父殁居丧克尽虔,衰毁泣血身为孱。事兄一如事父严,出入禀命礼无愆。囊中不愿名一钱,爱抚诸弟煦煦然。一门和气春风宣,不独庸德兼庸行。母病割股和药进,天怜孝子诚意专。一载为延慈母命,纷纷流俗事浮夸。乾𫗧失德锥刀竞,试问于今学士中,处家谁比孝子令?我衰于世百无补,惟闻孝悌节义之事乐歌咏。孝子于世不求名,书此留与家人听。"嘉庆间郡守新安吕公修《府志》,访于众,欲载其割股事。孝子力辞。予旧守也,故乐道之。朴实真挚,纯从至性中流出,直可作一章古乐府读。

乙酉仲冬,祺仁伯兄摄宝应学篆,过扬州,于市上得晋残砖一块。其文曰"永和右军",四字在篆隶之间。时仪征阮公总督云贵,同里汪梧山刺史选授鹤庆州篆。家大人以拓本从汪刺史寄呈于公,为跋一则,由滇寄还。跋曰:"余固疑世传王右军书帖为唐人改钩、伪托,即《兰亭》亦未可委心,何况其余?曾以晋砖为证,人多不以为然,贵耳贱目,良可浩叹!顷从金陵甘氏得'永和右军'四字晋砖拓本,纯乎隶体,尚带篆意,距楷尚远。此为彼时造城砖者所书,可见东晋世间字体大类如此。唐太宗所得《兰亭叙》,恐是梁陈时人所书。欧、褚二本直是以唐人书法录晋人文章耳。予屡曰:‘学者当得古人之益,而不为古人所愚。’此类是也。”阮公所论,真发前人所未发者。

丙戌冬,有鬻书画者,持明朱元价之蕃殿撰乡会三场墨卷及廷试策来售。其乡试头场首题为《或问管仲知礼乎》一章。卷俱朱丝直栏纸,较今时厚而长。卷端填写履历,一如今式,书法端整,虽草稿,亦无一字潦草。殿试卷面有朱书“第一甲第一名”字样,完整如新。购而藏之。嗣后复得许会元谷会试三场墨卷,乃其子姓所藏,亦可宝也。

丙戌七月二日子丑之交,大风,雷雨。红纸廊仁昌质库招牌杆,自上及下劈为数段。其顶抛至古城隍庙前,相去半里。府学大成殿柱火自内发,当即扑灭。县学泮宫牌楼左角,亦被击毁。鹫峰寺银杏树劈开一缝,长二丈余。旧王府、钟山书院及雨花台,大树多拔起。半夜间雷灾迭著,亦仅见之事矣。

金陵地势北高而南卑,取黄土者皆在永庆寺、五台山一带,城南土色皆黑者绝少。予家穿井,下及三丈,犹见砖石,知前代为平地,日积月累,久而至此。“高岸为谷,深谷为陵。”岂虚语哉?《县志》亦云:“贡院旁掘地数丈,犹见瓶盂之属。”

永宁泉在木末轩右,与高座寺相对,倚山穿泉,深可六七尺,清水一泓,大旱不涸。其味清冽,沁人心脾,有“第二泉”扁额,明赵谦书,真南城一绝,可补盛仲交《泉品》之缺。每大比时,盛以瓦瓮,取供内闱,遂为例,而供亿者劳矣。

周栎园侍郎亮工，康熙间官督粮道。子在浚，字雪客，遂家金陵金沙井，亦以词翰名，著有《天发神谶碑考》。侍郎葬南门外分山口，墓前坊表尚存。又，后阳寺侧羊子山，亦云侍郎祖墓，据侍郎行状，墓在朱门乡梨庄。

丁亥春，驻防城内王二喜者，目不识丁，其父为马甲，忽言得异传，为人治疾辄用刀针，应手即愈。四方哄传，其门如市，有患瘰疬者，针刺其颈，结核顿消。治水癥则刺其少腹，水流如注，数日全瘳。尤奇者，有营卒肾囊染毒，痛不可忍，径以刀割去一卵，以草敷之，创即合。上新河婺源胡君日照患发背，以刀割去腐肉，不痛，敷之以药，半月全愈。此类不可枚举。用汤剂皆以口授，令人代写，寒热攻补，诸药杂投，而服之辄效，数月间不索一钱。有延至其家者，茶亦不受，后则渐渐受钱，而术亦不灵矣。

钦天山都城隍庙，建自明初。乾隆间，医士王式昭，有女弟未嫁而卒。其家言女示梦为城隍夫人，既而声扬于外。好事者借以惑人，喧传城隍完姻，于后殿塑一女像，珠冠绣帔，端坐于床。观者必施钱，谓之添妆，所敛不赀，遂购置妆奁，枕、帐、衾、裯及梳栉之物咸备，居然一洞房矣。道光甲申，府城隍庙亦然，服饰尤极华丽，举国若狂。守土者出示严禁，其风乃戢。丁亥秋，东花园财帛司又有财神娶妇之事，形状妖冶，言是苏州某氏女，尤属谬妄。杜佑《通典》云："汾阴后土祠为妇人塑像，武后移河西梁山神配之。"是以神配神，自古有之，而以人配神，则未闻也，其惑乱不更甚乎！

旧王府塘、八府塘两处屡有溺人之患。《金陵闻见录》载：

“旧王府素多阴魅，有带鬼眼者亲见之。”又，志载：“八府塘前关帝庙为逍遥楼故址，明时鬼物作祟，作以镇之。”按此二说，则地之不祥，由来久矣。嘉庆丁丑，疏浚支河，尝抛弃瓦砾于其中，以图填塞，继有沮之者，遂中止，而患仍未绝。

双桥门东岳庙，僻处城外，久就荒颓矣。嘉庆间，有开棺木铺孟姓者，往烧香，忽仆倒发狂，言大帝附其身察人善恶，复踞坐神前取香烛吞之，烈焰炎炎，神色自若。群惊，以为神，布施日以万计，遂大兴土木，庙貌重新。吾思泰岱明神，安有享于非类之理？其为奸民之邪术可知，特烛理不明，因而惊骇，非术愚人，人实自愚耳。

明时军家皆功臣之裔，声势烜赫，与庶民异，故有“只许军家放火，不许民家点灯”之谣，至今犹啧啧人口。岁暮祀灶，军三民四。《客座赘语》载：“秣陵人家以十二月二十四日夜祀灶。”此其证也。今则无论良贱皆二十三日矣，独龟子二十五日，犹相传为笑谈。岂明时有教坊司，此亦著为令甲，若辈固不敢讳耶？

康茂园方伯基田，年逾古稀，而健若四五十岁人，早起用肥鸭一只煮汁作面，间日用煨羊肉三斤，取阴阳相剂[①]之义。如是以为常，后为河帅，齿落复生，须发皆变为黑，寿及九十而卒。盖其得天厚而又善养以致之也。胡心斋师言。

陈雷氏，壮行舅氏之元配也，以瘵卒。将卒之先三日，其弟来问疾，坐厅事以待，家人未及知焉。氏病在床，忽谓其侍

① 当为“济”。

婢曰:“舅爷独坐厅堂阅时久矣,何不请进来?”临终时,所备楮人、楮马为儿童所戏弄,楮人伤其一足。又曰:“瘸子轿夫何以行长路?可速易之。”盖身虽在而魂已离,病瘵者多如此。昔辛未岁,从堂兄贲如先生病瘵,予诣其家问病。先一日兄知之,谓家人曰:“明日二弟来看我,城南路远,其备饭款待之。”昔人谓鬼有他心通,彼久病能预知未来,非已浸入鬼境乎?以是决其必不治。

医士梁燮堂言,其家近贡院,仅隔一墙。尝于七月望日,闻铙钹声自院中出,心异之,登梯窥视,见明远楼下,火光荧荧如青磷,有无数黑人往来其间,半晌始灭。贡院平时空旷,为狐所栖,时际中元,或亦作盂兰会,以度孤[1]耶?是真狗子具佛性矣。

芝为灵草,生必有瑞,而亦不尽然。嘉庆乙亥夏,钟山书院讲堂前,冬青树上产一枝,洁白如玉。是冬,姚惜抱先生卒。又,某宦家,芝出园中,色青,大如斗,无何,以赃败,瘐死狱中。盖祸福将萌,气机先动,固非人所能预测也。惟秦芝轩承恩大司寇,未冠,入词林,寓居京师会馆,紫芝生庭,遂颜其室曰“瑞芝轩”。嗣后,凡乡、会试,居是屋者多获隽,此独为祥所钟耳。王渔洋《分甘余话》:“芝有五色,紫多吉祥,白者反是。”信不诬也。

蔬菜之美,春初早韭,秋末晚菘,昔贤称之。今之瓢儿菜,甘美绝伦,味较北地之白菜为厚,或谓即菘菜,然必经霜雪始

① 当为“狐”。

佳。秋末尚早，未可入馔，予决其非。所谓箭杆白菜；以盐腌之，为御冬计，则菘之属矣。红萝卜、白芹菜、雪里蕻，均为他郡所无。又，诸葛菜、枸杞头、菊花苗[1]、豌豆藤、马兰头、苜蓿头等类，风味各别。周幔亭先生尝集十种烹调若盛馔，以馈当道，名人韵事，固自不同。

南市楼为前明十四楼之一，以处官妓，在斗门桥东北，今通太仓巷，尚呼其名。当街小楼一所，为守夜者所居，徒识旧迹已耳。《金陵闻见录》："长沙陈太守鹏年，拆毁南市楼，改讲堂，命父老于朔望讲孝、悌、忠、信、礼、义、廉、耻。"今斗门桥东，名讲堂大街。《二林居集》载："康熙乙酉六月，公以南河闸事，被议落职。总督阿山必欲杀公，既捃摭无所得，则以公尝逐群娼，建亭其上。月朔，宣读圣谕，为大不敬，狱成论死。圣祖一日问大学士李光地曰：'阿山在官何若？'对曰：'廉干，果于任事。失民心，独劾陈鹏年一事耳。'"圣祖颔之，遂从宽免死，盖即拆楼改堂之事也。

近有某大姓，在秦淮河葺治水榭，召集宾客宴饮。其中有集宋人词句为联赠之云："波暖尘香，看槛曲萦红，檐牙飞翠；醉轻梦短，在灯前欹枕，雨外熏炉。"出联上四字玉田句，下二句白石词也；对联上四字毛泽民句，下二句梦窗词也，可谓天衣无缝，情景绝佳。

---

① 当为今之"菊花脑"。

卷　四

报恩寺，陈百戏、说稗官者甚夥。道光戊子，来一江西人，手缩腹中，隐隐能动，围棚树竿，挂一皮侯[1]。其人坐地，一足持弓，一足取箭，向上而射，有发必中，且能掷骰子，呼么喝六，无不如意。又，一丐妇，两手软而无骨，不能持物，凡施钱者，以足指拈贯绳上，结而数之，其数不爽。昔亢仓子耳视目听，此乃足持。

杨忠襄公墓，在聚宝门外海公祠旁，山名土门冈。公讳邦乂，吉水人，为溧阳尹。江宁府禁卒周德叛，溧阳县卒应之。公悉擒治，进本府通判。寇犯建康，城降，公不屈，大骂，就缚，剖心而死。今墓道有坊表，刻“剖心处”三字。墓前有石碣，刻“愿为赵氏鬼，不作他邦臣”二语。冈上有二忠祠，与文信国合祀。其裔居溧阳，甚蕃衍，每春秋二祭必至。祠墓皆修整如新，信忠烈有后云。

灵谷寺无量殿内砖地上，有二膝凹深寸许，呼为仙人脚迹。其实老狐礼佛所致也。一僧月夜归，见黑狐在殿廊立地作人形，以小石投之，倏不见。翌日，是僧发狂，自言曰：“好坏和尚，暗地里伤人。”祭之乃愈。

倒钟厂钟卧于地，半陷土中。相传铸时屡不成，督工者

① 疑为“猴”。

将获谴。有幼女伤父不免，投身火中以殉，遂为钟神。腹广可容数人，女丐常栖息其中，男则必死。尝有利其铜者，夜往锯之。钟忽大吼，纽上伤痕犹存。《吴越春秋》载“以子铸剑”事，古固有之，此复何疑？

画匠狄老者，须发皓白，精神意气如五六十岁人，尝修文庙牌楼，缘梯攀架，僄狡如飞。时来予家画梁，见其上下轻捷，身若猿猴，问其年，已九十七矣。老当益壮，矍铄哉，是翁！

乾隆四十九年三月，南门街来一道士，自呼曰：“卖桃红烟。”逾日火发，延烧数百家。道士不知所往。嘉庆丁卯，绸缎廊大火，一昼夜而息。前三日，有一丐状若疯颠，行于市，呼曰：“咦！一人两只眼。”事后始知为“火”字也。乙亥三月二十日，板巷生员李天士家，为母庆寿。其妇周氏媪祖母往祝，暨其二孙女宿楼上，一即李氏妇也，随来一婢宿楼下。夜深人倦，不戒于火，俱被焚死，甚惨。先是媪携一幼孙来，甫入门忽惊哭曰：“堂上有一红胡子！”人咸疑其客忤，而不知先兆也。

族人凤池，拳勇之名遍天下，其辈行不得其详。尝闻诸族祖容斋公曰：“昔驻防城旗人，有欲试其技者，令于小门口横肱石上，经牛车数十轮，了无伤痕，观者骇服。”又，醉后与人较艺，以酒瓮倒立于庭，两指持竹竿，一足立瓮底，令众曳之，屹然不动，及手一松，曳者咸倒。又，于十庙观剧，立人丛中，莫敢近者。突有跛丐来前，故作拥挤状，叱之弗听，反与争，触其怒，挥拳奋击，众为劝解。丐者笑曰：“鸡肋何足当尊拳？”乃大愕，欲叩姓名，而丐已不见，或谓为仙云。墓在凤台门，表曰“勇士甘凤池之墓”。有一孙在安庆充马兵。

族曾祖逊庵公，讳时敏，国子监生，屡就科举不售。乾隆间由誊录馆议叙，官江西进贤县巡检。善书，惜遗迹甚少，仅藏“淡宁轩”额三字，笔法遒逸，卓有香光遗意。其文稿已刻入《续金陵文征》。

林解元端言，有扶鸾召仙者。一日，吕祖降坛，以岳阳楼请题，书一律云：“万派银涛直抱关，岳阳楼上望君山。遥林落叶峰全见，曲壑藏烟水一弯。天末笙歌秋思远，云中旗鼓暮潮还。寒鸦无数南飞去，知在芦洲第几湾。”后又书《无题词》二阕云：“门外马嘶霜满地，板桥人去匆匆。酒醒江店驿楼空。晴帆风向背，残角水西东；行尽江南春有脚，淡云微雨和风。冷香吹上一枝筇。缟衣人不见，天半数声钟。”格调超超，信非凡手所能到。

祠祀所在，祭祷者多不近理。如聚宝门外梅冈梅将军庙，祀晋梅赜。今患疮疡者，咸祀之，以患疮为运晦。“梅”音近“霉”，祷之以祓不祥。蒋公庙祀汉蒋子文，后殿有女像，其妹小姑也，俗讹为织女，又称为云机娘，机匠祀之。织造某公，为重修殿宇，是犹周处台之误为杼矣。

《辍耕录》云：“新妇始至门，传席以入，弗令履地。”唐人已然，今仍其风，不以席而以米袋，取“接代”之义。又，甫下舆时，先跨马鞍。按《归田录》：“刘岳书仪，婚礼有女坐婿之马鞍、父母为合髻之礼。”乃在女家，今则行于男家，徒跨之而不坐矣。

岁正月既望，城头游人如蚁，箫鼓爆竹之声远近相闻，谓之走百病，又云踏太平。聚宝、三山、石城、通济四门为尤盛。

按《五杂俎》载:“齐鲁人多以正月十六日游寺观,亦谓走百病。”是其俗自古有之,不第吾乡然也。

聚宝门外五显庙,乾隆间,赛会烧香,士女云集。制军尹文端公禁止之,以其庙改祀关帝。然其中犹有别殿,供五显神像,皆泥塑。神龛前各有幔幛,亦泥所为,薄不盈寸,绘画五采,极其精致,数十年来完整如新,了无损裂痕,真神工也。又,明初于钦天山建庙,五显灵顺庙在其中。祭酒宋讷记云:“神发祥婺源,曰显聪、显明、显正、显直、显德,统谓之五显。”相传神起于唐,而显于宋,或以为顾野王之子,盖由来久矣。世所谓明祖定鼎金陵,命阵亡从龙士卒五人为伍,分求血食之说,殆附会其词乎!

张墨侯范,善擘窠书,魄力雄劲,出入欧颜之间。范为斗堂先生敉子,雪鸿先生敔从子。张氏以书画名家,虽闺阁亦善丹青,嫁时凡帘帷奁镜之属,皆以帛自画人物花草,不用刺绣,其家风有自来矣。

丧服无论贵贱,凡斩衰以下,皆长领大袖,盖暂而非常,仍沿前代制耳。方勤襄公维甸居吴,太夫人丧,冠、履、袍、褂悉以粗白布为之,铭旌亦青布粉书,高仅及丈,一切时俗浮靡之物,概屏不用,诚有卓识。视世禄侈富鲜克由礼者,倜乎远矣!

先节愍公讳霖,籍本高淳,明初徙居怀宁,官监察御史,刚正敢言,中台望重。靖难后,文皇擢为布政使,抗节不受,从容就戮。子孙相戒不仕,详《明史》“本传”及“表忠纪”。乃《上元新志》称其入祀乡贤,而乡贤之中并无公位,盖引钱士升《表忠祠记》,误怀宁为江宁也。又,《府志》及《上元县志》

所载乡贤，有大学士蒋廷锡。蒋公常熟人，雍正六年授文华殿大学士，卒谥文肃。不知修志时何以错误至此。

戊子春，有山东人获一牡兽。其大如狗，黄毛、黑斑、短耳、长尾，称之为虎，而项长、睛圆，非真虎也。去其利齿，系以铁索，于报恩寺塔旁设厂卖钱。威发时，毛皆森竖，状颇凶猛，以木棍击之，辄驯伏不动，观者以万计。日啖肉数斤。其人叱令张口，先以手探之，继饲以肉，神色自若也。黄仲则《圈虎行》句云："虎口呀开大如斗，人转从容探以手。"看似险语，却是真情。

夹冈门张王庙，即祠山大帝。神名渤，本前汉乌程横山人，尝役阴兵开凿河渎，有身化豕形之异，见《能改斋漫录》。故今祀之者不用猪肉。二月八日为王诞辰，前后必有风雨，俗号"请客风，送客雨"，无岁不验。《田家杂占》载之。钦天山有祠山广惠庙，洪武二十年建。祭酒宋讷有记，亦云神名渤，发迹于吴兴，宅灵于广德，或谓即张汤之子安世，锡封加号则始于唐之天宝，益于宋之咸淳，旱劳[①]疵疠，祷之辄应。今各乡祠山庙极多，每岁卜筊以定丰凶，则神之灵显匪伊朝夕矣。

世俗戏新妇，《抱朴子·疾谬篇》痛诋其失；《杨升庵外集》谓以庙见之妇，同于倚门之娼，诚敝俗也。里有再娶者，甫就寝，其戚先以线系其帷，壁罅通之，隐隐曳动，帷忽自开，夫妇罔觉，以为前妇阴魂，皆惊悸而死。噫！戏谑之虐至此，抑何为哉？又有昏之次日，宴饮新妇，诸亲在堂，其中表搜得睡

① 当为"涝"。

鞋，持以示众。夫大恚，怪其妇不秘藏，遂终身反目，抑其罪之尤者矣！

新岁，人家更易春联自明初始。门神犹古郁垒、神荼之意。以纸镌钱，贴诸户牖，谓之黄钱。然色皆尚红，黄者惟有丧家用之。按《月令广义》载："以楮镌钱封其扉扇，或挂街衢。"此其遗制欤？又，清明扫墓必以紫纸长条挂树枝，插于冢上，谓之挑钱，亦古人挂钱之遗意。

青螺蛳肉为羹，味甚鲜美。皇甫巷旧有卖糖醋田螺者，称为绝品。然动湿伤脾，损人无益，且一碗之中，生灵百千，徒铺啜者奚忍哉？昔有居海滨者，日必扫之，子孙获报，吁可法已。

藩署瞻园有楹帖曰："大江东去，浪淘尽千古英雄，问槛外青山，山外白云，何处是唐陵汉寝；小院春回，帘卷起一庭风月，看溪边绿树，树边红雨，此中有舜日尧天。"相传出联为徐中山自作，久而无对，悬千金赏以购，有书生对之。王大喜，特赐宴，饮大醉，不受金而去。英雄名士口吻各肖，真妙绝千古。康茂园方伯以"唐陵汉寝"取意太远，改为"吴宫晋苑"重书勒石，虽较贴切，而口气之广狭不侔矣。或谓为钱谦益所撰，上联感叹胜国，下联颂扬本朝，不知何所据。又谓黄仲则景仁所撰，则妄之甚也。

钟山书院大堂两旁，有木屏风四扇，刻"忠孝廉节"四大字，朱子书。乃从永昌拓来者。仪凤门外静海寺照墙上，砖刻"南无阿弥陀佛"六大字，杨羲山埥书，此字之至大者也。外此则县学"泮宫"，朱子书；"明德堂"，文天祥书。府学"明伦堂"，詹希源书。文庙牌坊"天下文枢"，王澍书。"大报恩寺"，朱孔旸书。“庄严法界”，王铎书。县学内“东南第一学”，秦大士书。皆为名迹，今存而字体较小。若钟山书院大门外栅栏，一题“育英”，一题“翼教”，为康茂园方伯书，嘉庆壬申上元邑侯丁堂重修，刻己印于上，未免掠美矣。

上元节醵饮，有以七县名为令曰：“上元佳节，有酒自斟，举杯高淳，饮尽江浦，句容溧水，无滴江宁，六合同春。”左手执杯，右手执壶，读至第二句，酒自斟满，举杯高过口唇，一饮而尽，再读三四句，覆杯在手，勿令点滴，遂全读之，循序而行，悉如其仪。否则，罚以巨觥。此令意新语切，以视列坐喧呶，醉而及乱者，有静躁之别。

王霖，字春波，上元人，善画鳞毛、人物，笔趣飞动，着纸若生。杭州灵隐寺，殿有观音变化图二十四轴，奇形异状，出人意表，真传神妙技，近罕有出其右者。而性甚倨傲，意所不惬，虽重价求之不可得。游京师，见赏于显者之门，后为浙江盐场大使，卒于官。

明制：凡致书于尊者曰“端肃奉书”，答则“端肃奉复”。议定于洪武三年，今则罕有用之者。吾乡俗：妇人写红，全简必用此二字，岂因古肃拜之礼而臆为增益哉！

昔有集金陵梵刹为俪语曰：“天界能仁高座碧峰谈普德”。对云：“地藏善世半边浅水现莲花”。以桥对寺，殊觉不工。予对云：“祇园正觉幽栖灵谷讲华严”，似较妥切。又尝以寺观作对云：“普德慧光静海德恩参卧佛；洞神灵应丛霄神乐会朝天”。

《吕氏春秋》：“孔子弟子从游方来。孔子荷杖而问之曰：

‘子之公不有恙乎？’”公者，祖也。今浙东犹称祖曰公公，苏州洞庭山亦然。吾乡则谓之爷爷，惟称外祖曰公公，亦方言异也。近时，乡先生每呼后进为某公，此亦挟贵挟长之流也。马湘帆沅得庶常假归，有某学师称之曰马公。湘帆微哂曰：“我非君家公，何敢当此尊称？”某大渐沮。翰林七科以上老辈例称后辈曰老先生，后辈自称曰晚生。今有捐班出身年老休致而归者，动呼人为老先生，抑何其不自量之甚乎！

朝天宫，宋为天庆观，元为元妙观，又改永寿宫，明初赐今额。明时，百僚朝贺，习仪于此。世传三清殿下，为明祖真葬处。国朝赵秋谷执信又谓葬于燕京之万岁山，作长歌以纪，有“马后悲孤处”之语。然崩葬孝陵，见诸正史，以当时情事而论，相度地势，起造山陵，动帑数百万，经画十数年，岂第为马后而计？且建文仁孝，又安忍以太祖遗骸置诸渺不可知之域？群臣岂绝无目击其事者？万岁山在燕京，其时方以会葬不从，兴师靖难，焉有奉移梓宫，不远数千里而往之事？赵说更不足信，或又云太祖遗命，然身起田间，得统自正，纵猜忌与汉高等，而究非曹瞒奸窃之流，亦何庸效其伎俩为哉？千古之疑可以决矣。

西湖山水之秀甲天下。五代时，有术者说钱武肃王曰：“若填湖为宅，可王千年。”明郎瑛《七修类稿》亦谓：“填湖作地，开移城郭，面江背山，以城中为明堂，皋亭五云为左右，真帝王之居。”然名山大川，其形势本天造地设，岂人力所可强为？金陵城东北，旧有燕雀湖，一名前湖，明祖填为大内，非不为长治久安之计，乃三十余年遽尔北徙，废为留都，非其明鉴也哉！

闽人吴某，两耳重听，人皆以吴聋子呼之。善相术，戊子来江宁，寓天后宫全闽会馆。凡就问者，先与拇战，不通一语。其人穷通贵贱，历历言之不少爽，且有将生平隐事直为揭出者。以是，其名大噪，群惊为神。然至午后辄不灵，且所验者皆已往事，未来则否。或谓有樟柳神纳于手腕间，故以拳近耳，其神乃隐隐告之，假拇战以惑人也。其时，贺耦庚方伯召入署中，大为所惑，亟揄扬之，荐诸制府蒋砺堂相国。相国曰："特术士耳。予年逾六十，已忝为大臣，焉用相为？君当善遣之。令他往，勿令其久居此也。"然则相国之识度固迥出于贺之上也乎？

报恩寺房头最多茹素修行者。惟三藏殿内有石塔，宋天禧寺僧可政往陕西紫阁寺，得唐三藏顶骨，归瘗于此。《梵刹志》又谓"藏元奘[①]爪发处"。未知孰是。乾隆间，有越凡和尚，戒行精严，趺坐三十余年，未尝出户，无疾而化。三年后开缸，身虽缩小而不坏，五官犹具。遂建阁三楹，涂以金漆，供奉龛间，至今垂头举手似拈花状。冶亭制军铁保题扁额曰"现身自在"，又联曰："柏子庭前真骨相；莲花座上老头陀。"其大殿左廊有碑云："云栖大师东铭：一瓦一椽，一粥一饭。檀越脂膏，行人血汗。尔戒不持，尔事不办。可怕可怜，可嗟可叹。长干学人大时凌世韶敬书。"笔法遒劲，与百丈律师"施主一粒米，重如须弥山。今生不了道，拔[②]毛戴角还"同一警策，真可作缁流当头棒喝。

---

① 元奘：即玄奘。清人为避康熙皇帝爱新觉罗·玄烨名讳而改。

② 疑为"披"。

戊子秋，家大人患左足筋痛，拘挛不能屈伸。老医谈先生培，询知平日善饮，揣为湿热下注之症，用二妙散一投，而痛顿止，逾日，复如故，不解其由，偶与方补德论及。方曰："二妙所以中病者，黄蘖之力也。因苍术性燥湿，虽减而热仍留，所以既愈复作也，不如以古人潜行丸治之，专用黄蘖一味，炒黑研为丸，以和血行，下汤剂吞送，斯可全瘳矣。"如其言，果验。为文贵审题，治病贵审药，心粗学浅者乌能及此？

钟山一日数变。沈约诗云："发地多奇岭，千云非一状。"谓灵气使然也。以予论之，山本赭色，晴日为阴云所蔽，其色遂变。云有厚薄，故色有浅深。天无片云，山亦无点翳，仍还本来面目。若阴雨时，云阴障满，山亦不见矣。盖出云有之，而变色则未也，且登高望之，青龙、幕府、天阙诸山，凡向阳处，无不皆然，非第钟山已也，特此山高大，为金陵巨镇，灵气所钟，故特奇其说耳。吴朗生秀才观文闻之，谓此论理甚足。

会稽陈公大文，总制两江时，作楹帖以颁守令曰："堂上一官称父母，莫道一官好做，当尽些父母恩情；阶前百姓即儿孙，休言百姓可欺，须留下儿孙地步。"言极痛切。《王朗川言行汇纂》谓为王玉池令金乡时所作，恐未必然。上元署大门联云："政先六十一县，非曰能之；风行二百三里，固所愿也。"邑侯许维枚书二门云："愿皆为良善民，无干刑法；誓不作贪酷吏，有负生平。"陈邑侯澧书江宁署二门联云："未免应酬，常恐亲民时刻少；果然悦服，何妨观我国人多。"袁邑侯枚书县丞署联云："有一日闲，且耕尔地；无十分屈，莫入我门。"县丞冯光聚书，皆亲切可诵。光聚，山西人，有惠政，崇祀名宦。此联与《楹联丛话》所载黄梅县大堂联云："催科不免追呼，愿百姓早完国课；省事莫如忍耐，劝众人莫到公堂。"异曲同工，真仁人之言，蔼如也。

学宫明德堂暨书院诸祠宇联额，有可纪者明德堂联凡二：一为康熙壬午徐公铨成云："六朝风土常新，黉序并乡闱，博采菁华归实学；一代人文独盛，秦淮宗泗水，约遵规矩障狂澜。"一为乾隆丙戌曹公秀先云："教以人伦，君臣、父子、夫妇、昆弟、朋友；止于至善，格物、致知、正心、诚意、修身。"尊经书院云："立德、立言、立功、士先立志；有猷、有为、有守、学必有师。"又云："至德本无他，皆以诚笃为本，此中有尧天舜日；大道原一贯，不越忠恕两言，到处是圣域贤关。"皆康方伯基田书。名宦祠云："典型师百世；俎豆重千秋。"宋衡为熊公一潇书扁额云"古之遗爱"，联云："宽猛因时，其政举则其人存，千古之仪型，昭如日月；馨香时荐，无虚名乃无愧色，一堂之俎豆，卓尔江山。"皆许太守兆椿书。又云："风义被江山，歌颂不须青史传；馨香升俎豆，神灵常抚白门人。"方观察昂书。忠义孝悌祠扁额云"碧化江流"，联云："祭于大烝，祀于瞽宗，敬梓恭桑，二水三山钟正气；孔曰成仁，孟曰取义，贞松劲草，一堂千载有同心。"皆方宫保维甸书。其语专主忠义也。周廉访开麒一联云："爱敬笃庭闱，饬纪敦伦，懿行昭垂成卓行；馨香登庠序，维风励俗，古人模范示今人。"则又专指孝悌矣。乡贤祠扁额云"功在圣门"，无款；又云"望重吾乡"，秦大司寇承恩书；联云："崇祀岂徒然，道德、文章、政事；骏奔匪偶尔，忠臣、孝子、慈孙。"汤庆荪书。凤池书院额曰"经腴堂"，康公基田书；联云："教思无穷，溥钟鼓辟雍之化；学古有获，跻车服礼器之容。"钱学博塘书。又"入则孝，出则悌，守先王之道以待学者；颂其诗，读其书，友天下之士尚论古人。"秦殿撰大士书。此联本朱竹垞先生集句，在杭州敷文书院，见《楹联丛话》，非秦自撰也。道光癸巳皆移于旧王府新书院。

明初应天府乡试，自府学生、增广生、监生外，如未入流官吏、文生、医生、军余、舍人之类，皆得赴试取中。嘉靖以后遂无之。附学生入试自宏治[①]八年始，顾尚书璘乃以附学生中第十四名者也。《客座赘语》详载之。要之，三年大比，为抡材巨典，流品混淆，则士气不重。此前明之陋也。顾遯园犹谓"其立贤无方"，未免曲为之说。至附学生初不准应试，尤属偏见。岂身列胶庠，反逊于杂流乎！

道光戊子科乡试，将入闱之先，姚君天麟梦至藩署前看榜，白纸金字，上江两邑中式者皆历历见之。刘氏昆仲同榜，富春第八、恒春第七十三，尤记识亲切。三场后，尝为人道之。榜发果验，名数一一符合，惟第二十一名，其人姓名为淡墨涂抹，字迹模糊莫辨。是科温翰初先生讳肇江，中官卷第二十一名，次年己丑会试，以弟明叔检讨原名肇洋分房回避，壬辰始成进士，盖先生本非戊子榜中人，临时更换而然耶。科名有定，信然！

丧服多不合制。父党姑之夫，母党舅之妻、母姊妹之夫、母伯叔父母，妻党妻祖父母、妻伯叔父母皆无服，今则有，概

① 宏治：应为弘治。清人为避乾隆皇帝爱新觉罗·弘历名讳而改。

从穿孝者矣，谓之“材”、“前”、“孝”，三字不知本于何典，而外祖父母报服缌麻，妻父母为婿缌麻，母兄弟为甥亦报服缌麻，两姨之子及姑舅之子亦相为缌麻，皆有定制，而今皆不行，有议及者反从而訾之。

雨花庵在今驻防城内。大门内有金身弥勒佛，高一丈有奇，阔如之。乾隆间，重为装金，费用百金。塑工蹲立顶后，遮蔽不见其身。天界大佛头之外，惟此而已，盖明代所造也。庵本饶富，广置膏腴，今则一败涂地矣。

寺观楹帖非侈言灵感，即妄诩神奇，甚无取也。聚宝门外梅冈三茅宫有联云：“不孝父母，空向名山参活佛；无愧身心，始来福地礼金身。”此与浙江曹娥庙门联云：“事父未能，入庙倾诚皆末节；悦亲有道，见吾不拜也何妨。”命意相同，可为下愚人针砭。

县学之左聚星亭，康熙间邑令三韩佟世燕修造之。上有“佟公桃李”四字扁额，乃尔日生徒公建者。令时年甫十八，通诗书而有干力，接诸生执谦尽礼，于应试儒童有可造就者，月必课之。名隽多出其门墙，旋以病罢。康熙五十年葺治学宫，有乡老倡议去之，载于刘莪厓《白下余谈》。然今额犹悬，其复于何年不可知矣。其右又一亭，旧名思乐亭。元李孝光有记，见朱元律《嶰谷集诗注》，今为买茶者所居。明应天府尹黄公承元，请增科举三十余人，入学三十余人，蠲增号舍二百间，主理场务更无征发将输之扰，士民德之，立祠于贡院之左。康熙五十八年，制府查弼纳益拓号舍，将祠并入贡院内，访公子孙，予以金，移祀他所，今三山门外黄公祠，盖移建者也。

刘莪庄《白下余谈》云:“不知祠在何地。”殆未考耳。吾思查公继黄之后,嘉惠士林,其德泽后先无异,倘有志复慕古者,奉查公位袝祀于其中,庶前贤美意得以并传,亦表章之一端也。

隐仙庵,相传陶宏景[1]隐于此,故名。道士王朴山纵酒能诗,以棋琴自命,盖放荡之流也。庵有古梅,六朝故物。又,老桂二株,为宋时树。秋日,金粟盈庭,游人蚁集。戊子,梅忽凋萎,桂亦偕枯。是秋,朴山病死,门庭阒寂,风景无存。噫!朴山之死,树若为之先,或亦地气衰欤!明初,冷铁脚、尹蓬头尝游此,而葛寅亮《元观志》[2]阙载之。

报恩寺琉璃塔,高出天表,数十里外可望见。而寺之金刚殿后有香水河一道,石桥跨焉。过桥有碑亭,立桥之正中片石望之,塔全不见,稍为却步而顶现矣。布置之妙,何巧绝乃尔!

城中周回四十五里,街衢通达,闾阎万千。异乡人每茫然莫辨,而骁骑营一带小衖曲巷,往往有迷路出难之况,盖地近凤台,山势高低非如平坦,且机户最多,三五成邻,与官街大道不同,或谓旧为置仓屯卒之所,设有疑阵,则凿矣。

李白诗:“瓮中百斛金陵春。”酒至唐时,已脍炙名人之口。顾遯园《客座赘语》备述其名,不过极意铺张,其实一也。今所沽烧酒出孝陵卫,皆米酿成,有堆花之目。其地有酒行,清晨驮载入城,岁无虚日。劣者为大麦,冲性较烈。又,村舍人家,冬日以糯米作封缸酒,甘如饴,名曰蜜酿,味醇力足,饮者易醉,呼为迎风倒。又有一种锅粑酒,系用炊饭后锅粑酿

① 陶宏景:应为陶弘景。

② 《元观志》:即《金陵玄观志》。下同。

成，色微黑，极醇美，能健脾理胃，不可多得。予家藏有一瓮，乃祖遗三十余年物也，温翰初先生极赏之。若绍兴百花、高粮诸品，则非土产矣。

海公祠在梅冈小茅山之巅，祀明都御史忠介公瑞。塑像严厉，望之懔懔可畏，俨有不怕死之概，真传神妙手。又，钦天山都城隍庙两廊，隶役各四，手执缧绁之具，嬉笑怒骂，意态如生。或谓是刘銮所塑，未可知也。若古柏台之周孝侯像，微髭白面，直肖书生，恐非当年真面目矣。

方曜徽先生步溟，上元诸生，工文博学，深于经史，事祖母极孝，朝夕不离，年四十卒，有白鹤降庭之异。杨君铨言。

周幔亭先生榘，博览群籍，著有《阙里小志》、《幔亭诗钞》、《清凉小志》亦名《清凉散》，诸书藏于家。能以拳木造天地球，巧思独绝。其家犹有传其法者。居清凉山之阴，地甚幽僻，人迹罕到。门前有砖刻隶书曰"周幔亭先生读书处"，晚晴胡钟题。子斯才，官四川通判；孙潼，邑庠生，胡心斋师之甥也。

道士段一诚，为龚采芝弟子，上承师法，茹素精修，为人拜斗禳疾，灵验异常。居龙王庙侧，文昌庵、恤嫠局、同善堂，其旁舍也。预知死期，鼻流玉筋，下垂数尺，足征精炼之功。其徒张阳德，亦有苦行，蒲团夜坐，数十年不卧，年逾八十，目光如炬，能于灯下作蝇细楷书，犹能不坠其风，后居三条巷文昌宫，亦无疾而终。

灵谷八功德水，其源出于山之左麓。石罅通流，接以竹笕，绕径穿垣，达之于香积厨池内，大旱不竭。寺僧云："曾有以狗骨塞水源处，三日不到，其灵异固不可测。"达宗和尚尝以木筒取之,为人持《陀罗尼咒》,煎药治病屡验。

明初牧马皆在外郭门以内,如麒麟门至观音门一带地方,有黄马群、青马群、红马群、白马群。朝阳门外东二十里,有马房山,为骒骝群,又有马巷口,皆其所也。今附郭民田纳银无米,其地租有黑白草、黑白苜蓿诸名目,盖沿前代之旧也。

六塘桥在江宁县南八十里铜山乡。其上流通朱门乡,有六大塘水,悉注于此,由江宁镇入江,故名又呼陆郎桥,盖因江宁镇有周郎桥,遂附会之耳。

三铺两个桥在城南殷高巷之西,尚属通衢。而两铺三个桥在城西北隅,与吉祥寺相通,地极冷僻,人罕知之者。

报恩寺塔之左偏,地势低洼,有屋数十间。循曲径逶迤而下,其形如釜,谓之锅底牢。有茶社,游人多憩息其中,梅豆极甘美。然取名牢狱,陋矣!

徽州灯皆上新河木客所为,岁四月初旬,出都天会,三日必出此灯。旗帜、伞盖、人物、花卉、鳞毛之属,剪纸为之,五色十光,备极奇巧。阖城士庶往观,车马填闉,灯火达旦,升平景相不数笪桥。

旧院有《教坊司题名碑记》,嘉靖壬午张鳌书,有左右司乐、排长、色长诸名目。今碑徙于回光寺。张子澜泺有诗采入《金石题咏汇编》。

回光寺,永乐中僧回光所建,本在白塔巷内。万历间,以近旧院,净秽杂处,仍[1]移置今所。嘉庆间为恤颐堂。今巷中

① 疑为“乃”。

白塔尚存，即回光旧塔，俗谓为瘗老尼处，非也。又，下街口有白塔巷，乃元龙翔寺故基，是城内白塔巷有二矣。

黄俞部先生虞稷，江宁诸生。其先闽人，父官南雍，遂家焉。康熙间，开博学鸿词科，御史罗某荐之，以丁艰未得与。后以钱公玉峰疏荐，授翰林院，纂修《明史》及《一统志》。藏书最富，有《千顷堂书目》三十二卷，惜无刊本。陈雪峰文学宗彝，尝从友人假钞之。

陈丰之中翰维垣，在京时，其座师帅仙舟侍郎尝谓曰："君时艺试帖俱佳，考试差恢乎有余矣，平日看书当浸淫于史汉，既可增长才识，又可通达治体，此有用之学也。"邢瑞卿吉云与予同入泮，年甫十六，其外祖秦易堂先生，教令熟读《文选》及《陆宣公奏议》，曰："此二书一裨诗才，一助文笔，从此入手，必多成就，慎毋为时俗之考墨诗赋虚掷光阴也。"予十三岁从胡心斋师读书，每日午后，必讲《通鉴》数页，日以为常，三年而毕。师口授指画，童时闻之，尤易入肺腑，终身不忘，益以知老师宿儒，讲究根柢之学，非徒记诵占毕已也，是可为教后进者法。

《县志》载大学士嵇祖墓，并未将其人其地指明，殊无根据。今江邑南门外八十里麻山嵇村，嵇姓尚有百余家。村侧有坟，广可数十亩。土人佥称为相国嵇璜祖墓，盖即此也。按：相国，无锡人，乾隆庚戌翰林，官至文渊阁大学士，卒谥文恭。

程绵庄先生讳廷祚，上元廪生。乾隆元年，安徽巡抚王纮荐举博学宏词科；十七年，吏部侍郎雅尔哈善又保举经学，其考语有"涵养淳笃，学问淹贯，尤能研深易理"云云。惜皆不遇，遂退而著书，卷帙甚富，已刊者有《读书管见》一卷、《春秋职官考略》三卷、《春秋地名辨异》三卷、《左传人名辨异》三卷、《鲁论说》四卷、《青溪文集续集》若干卷。《岫云阁诗钞余稿》藏于家。其治《易》，专主义理而力排象数，尝曰："墨守宋学固非，墨守汉学尤非。"信其发挥，皆心得之言也。论者谓先生允宜入祀乡贤。

程春海大司成恩泽，安徽歙县人，博通群籍，经史而外，医卜、星相之学靡不淹贯，篆、隶、行、草，各臻其妙。己丑冬，蒋砺堂节相延主钟山书院，循循善诱，有叩必鸣。士皆奉为山斗，真当代经师也。与家大人友善，有书札数十通，装潢成册。予家"保彝斋"、"津逮楼"扁额，皆其笔也。"津逮楼"三大字，先生书至数百纸，多不惬意。良久，始以宣纸朱钩送来，作书之不苟如此。昔杭州筑镇海楼成，题扁额时，梁山舟学士家居，以土著人不敢以书家自命，敦请王梦楼先生至杭书之，并馆于其家，日习书三大字，数月之久，积至千余纸，复与学士互相参酌而后成，可见名人举笔，若是其详慎，固不敢率尔操觚也。

陆心兰方伯言，浙江仁和人，庚寅官江宁藩司。尝仿《宋名臣言行录》，纂辑国朝名臣名儒嘉言懿行，汇为一册，悉取予家津逮楼藏籍，以资搜讨。辛卯之秋，调任河南，卒于任所。其书之成否，未可知也。

唐昇州刺史颜真卿《乞御书放生池碑额表》云："奉宣恩命，于天下州县临江带郭处，各置放生池，始于江州兴道，讫于昇州江宁秦淮太平桥凡八十一所。"按：江州即今江西，盖当时自江西以下至江宁，共置八十一所，非谓八十一所尽在江宁也，乃《景定建康志》谓：“唐乾元间，诏于江宁秦淮太平桥，临江带郭，上下五里置放生池八十一所。”其删节原文，殊无分晓。又谓：“府学之东即古放生池。”淳熙间，史正志移于青溪府学，遂以旧池为泮水，乃指今县学前秦淮而言，然景定以前旧志，以府治东“东接青溪，北通运渎”者为之，《建康志》亦引此语。鲁公表文所称太平桥，今跨运渎之笪桥，宋时名钦化；景定间，马光祖重建，更名太平，盖复唐时旧称，则放生池旧址，当在今淮清桥至笪桥一带近是，与“东接青溪，北通运渎”正合。史正志移池建阁在乾道五年，非淳熙也。张椿《青溪阁记》云：“阁在府治东北青溪上。”应在今洞神宫对岸，意其地本为放生旧池，宋人先误以学宫泮水当之。史正志遂曰“移之”耳。鹫峰寺后有塘，属内监，天启中以教坊毁庵隙地易之，谓为放生旧迹，构祠祀鲁公，重勒其碑文。葛寅亮有《复鲁公放生池碑记》，见《梵刹志》。其以鹫峰为古青溪曲，徙池建阁为马光祖，又讹中之讹也。乌龙潭侧有放生池，亦明人所为，总督陈公大受有碑。嘉庆间，方勤襄公复立石以志其处。新修《府志》谓：“潭在清凉山侧，今为城内，昔为城外，正当古秦淮将入江处。”亦揣度之词，未足为据也。

董文恪公督闽浙时，爱西湖之胜，买宅于杭城之三拨营，拟解组后居之。榜其门云：“圣代即今多雨露；故乡无此好湖山。”见梁茝林[①]中丞《楹联丛话》。陈芝楣中丞摄两江时，尝

---

① 梁章钜，字茝林（一为芷林），又字闳中，嘉庆进士，官至江苏巡府。

书一联悬诸官厅云:“圣代即今多雨露;诸君何以答升平。”臣工交勉,益有深意存焉。

牛首山之西,关帝殿门有罅。日初出,阖其门,日光从罅入,塔影倒悬神龛上,人以为异。按沈存中《笔谈》谓:“凡影入窗隙皆倒悬,如阳燧照物皆倒,中间有碍故也。”报恩寺竹浪径,亦有倒塔影,其地甚僻,人罕见之。

弈虽小道,而非天事之优者不工。近代国手,首推江楚。有费长葆者,十岁便嗜弈,不数年,举邑无对手。江仅高其二子,老成名宿无不逊之,呼为小友。今客游河南,以善弈为生涯,其名大噪。

秦涧[①]泉学士,卜居武定桥南之大夫第,有园曰瞻园,取东坡“瞻望玉堂,如在天上”之意。园内有东山楼,自书联云:“辛勤有此庐,抽身归矣!喜鸟啼花笑、三径常开,好领取竹簟清风,茅檐暖日;萧闲[②]无个事,闭户恬然!对茶熟香温、一编独抱,最难忘别来旧雨,经过名山。”乃其乞假南归时作也。

嘉庆间,芝轩大司寇以事获谴,其宅籍没入官;及今上[③]御极,易堂学士应召赴京,复赏还之。

宋艺祖命曹武惠王收江南,不妄戮一人。明洪武初,建庙于钦天山之阳,列诸祀典。高宗纯皇帝巡幸金陵,御书“仁者有勇”扁额以赐之。

国朝顺治二年,豫亲王多铎奉世祖章皇帝命征江南,五

① 一本为“硐”。
② 应为“闲”。
③ “今上”:指道光帝。

月初取镇江，自句容抵南京，军于郊坛之北。而福王已先三日率宫人夜开通济门，走芜湖矣。明诸勋戚、文武大臣出迎豫王。王驻军城外十日始入，斩满兵掠民物者八人以徇。军驻东北城，其中西南三城，居民安堵如故，不歼一人，不发一矢，真王师自天降也。旧有《豫亲王德政碑》，在水西门外官道旁，以亭翼之，今呼其地曰王家碑亭。

弓匠坊内半边塔，砖砌七级，高一丈有奇，倚墙而立，仅露其半。金身佛像一一具备，朔望香火甚盛，而其地无僧，庵亦非古刹旧迹，前志未载，不知创自何时。

己丑九月，家大人得周楚公钟。面铭曰："楚公□自作宝大钟孙孙子子其永宝"凡十六字。按："公"下一字不可辨，或释作"守"，盖其名也。"大"下一字，《积古斋款识》释作"尃"，"镈"之省文，上体尋帆形，当是"甫"之古文，下体易"寸"为"攴"，盖取搏击之义。然彼只有"攴"而无"冃"，"冃"当作"⺼"，"⺼"加"甫寸"为"膊"。《释名》："膊，迫也。"《韵会》："膊，击声。'膊'与'镈'声近而义通也。"又，《积古斋款识》只"孙子"二字，而此有重文，亦略异。楚自周成王封熊绎以子男田居楚，至熊渠立其三子为王，寻复去其王号，及武王熊通，始自立为王，是楚未尝称公也。此器不知何人所作，然在武王以前可知矣。辛丑，道州何子贞编修绍基过金陵，见之谓："是器款识精工，小中见大，可想见当年楚国之雄。"赞叹不置，手拓其文而去。编修，楚人也，故其见赏也稍偏。

卷　五

前贤著述有关乎是邦考证者，近多失传。家大人留心掌故，凡此类之书，搜访尤殷。如唐许嵩《建康实录》二十卷，宋陈彭年《江南别录》一卷，郑文宝《江表志》三卷，张敦颐《六朝事迹编类》二卷，周应合《景定建康志》五十卷，曾极《金陵百咏》一卷，元张铉《至大金陵新志》[①]十五卷，明朱之蕃《金陵图咏》一卷、《金陵雅游编》一卷，王一化《应天志》三十二卷，顾起元《客座赘语》十卷、《金陵古金石考目》一卷、《金陵卧游六十咏》一卷，周晖《金陵琐事》四卷、《续》二卷、《二续》二卷，万文彩《后湖志》十卷，盛时泰《栖霞小志》一卷、《金陵泉品》一卷、《祈泽志》一卷、《牛首山志》一卷，姚履素《市隐园诗文初纪》一卷、《二纪》一卷、《三纪》一卷，陈沂《金陵古今图考》一卷、《金陵世纪》四卷，葛寅亮《金陵梵刹志》五十三卷、《金陵元观志》十三卷，释可浩《灵谷志》二卷，国朝张怡《金陵私乘》八卷，吴云《灵谷山志》十六卷，刘思敬《刍询录》二卷，先著《遗民行略》一卷，刘旂锡《白下余谈》一卷，周矩《清凉小志》一卷，陈毅《金陵闻见录》六卷、《摄山志》八卷，安镜湖《金陵先贤祠记赞》一卷，严观《江宁金石记》八卷，陈文述《秣陵集》八卷。以上诸书，皆津逮楼所藏者，陈静人虞部仍有秘本

① 四库全书本称《至正金陵新志》为《至大金陵新志》。

十余种，朱述之大令尝欲择其尤者汇刊为《金陵丛书》亦盛举也，且以俟诸异日。

医士陈君宝田居细柳巷，先世业医。其父孝子也，家藏医书善本最富，与旌德方补德友善。一日忽得奇疾，有女鬼附其身，常坐室中啼哭，声如妇人，见人辄作羞涩状，百计治之弗愈。补德善针法，以针治之，适中其要害，大叫失声曰："痛杀我，毋庸针，我去矣。"由是，疾顿瘳，终不知是何冤业也。针灸古法，所以治病也，而亦能治鬼，可谓神矣。此道光初年事，补德亲为予述之。

姚惜抱先生当疾革时，遗书示子云："人生必死，吾年八十有五，死何憾哉！吾棺不得过七十金，绵不得过十六斤，凡亲友来助丧事者，便饭而已，不得用鼓乐，诸事称此。汝兄弟不得以财帛之事而生芥蒂，毋忘孝友。"予于己丑夏日见诸旧货铺中，亟购而藏之，书法遒逸，奕奕有神。此其家世守之物，不知何以流落人间也，悲夫！

铁心桥善司庙之右，有流惠泉亭。亭内有碑，乃明隆庆间卜氏所建。碑之下半截已漫漶不可读。其裔东园文学汝为，居白塔巷，藏有碑文，特备录之，亦前明金石之遗也。《流惠泉亭碑记》云："赐进士出身，奉政大夫南京吏部考功、清吏司郎中、长洲袁尊尼撰，赐进士及第亚中大夫、前南京太常少卿、翰林侍讲、经筵国史官、里人邢一凤题额，里人王允恭书。自外城之安德门，届于牛首山之阳，有通途焉，朝夕之往来者不绝，故其地势颇亢，少水泉，行者常病渴。有卜君惟卿者，先墓在安德乡之裴村，岁时谒扫，必由于斯，目睹渴者，思有以济之。乃度道里之中，于所谓湾塘者，凿池得泉，甃之为井，且构亭于其上。由是往来兹途者，就亭而憩，就井而汲，可以息肩，可以蠲渴，咸欢欣以为良便矣。君之子鉴图所以示诸后者，请于太史邢雉山公名之曰流惠泉，而属予为之记。予惟井之一道，养而不穷者也，然在一家则为一家之利，在一邑则为一邑之利，顾其取用之多寡不同，而所养之广狭亦因之焉。卜君以一布衣，有利物之志而无所施，乃即其身之所经，心之所感，力之所可为者，以惠此行道之人。旧京浩穰，赤县走集，赍橐身担，毂击踵接，有亭翼然，有井泠然，劳者得休，渴者得饮，解烦躁而沃清凉，我不费而众咸足，此其所利为何如，而所谓养而不穷者不在斯耶。噫！君盖善流其惠者矣。君名璠，自号朴庵居士，由吴兴来，占籍江宁，盖瞿瞿良士也。今年八十有三，犹敦善不怠。子孙皆才，领乡荐者相继，行将光大其门闾，则庆泽之流，又当与兹泉之流而并远也。予因鉴之请而记之于石，置诸亭中，使后之往来井井者，知其所自，而且有所劝焉。隆庆五年岁在辛未仲秋望日，上元朱宏勒石。”据云先因葬亲，大士示梦，故为是泉亭以报。今泉已湮塞，亭及石阑尚存。

沈翁贩毡为业，六十余，无子，尝购羊毛于秦晋间，买一女为妾，甫入门，泣不已，询知已许人，父因窘迫而强夺之者。翁瞿然惊曰：“予衰龄无子，岂可复造此罪孽？”访得其夫家，送还之，不责偿焉。逾年，复纳一妾，连举三男。庚寅冬，予获见之，年届八十，神明不衰，天之报施不爽矣！此与方恪敏公事略相类。

庚寅春，清凉山畔，地名草场。种菜者锄地，得大铁槌数十枚，报官入库。地近石头城，为六代争战之所，古物无疑。

春秋良夜，灯谜雅集，固文人之小道，而词涉鄙俚无谓也。予尝与友人戏作，择其较雅者录之：竹屋两间《诗经》：简兮简兮。莺莺《诗经》：黄鸟黄鸟。孟尝君过函谷关美人名：薛夜来。自雍及绛，命之曰："泛舟之役。"美人名：西施。用汝作盐梅古人名：易和。伯翳古贤名：秦祖。且攻其右古人名：左雄。祭丁分胙《西厢记》：拜罢圣贤。施膏药《西厢记》：贴他的皮肉。三宿而后出画药名：王不留行。玉人何处教吹箫曲牌名：《忆秦娥》。郊曲牌名：《祭天神》，善鼓云和瑟曲牌名：《潇湘曲》。茅屋"瓬"字。八千子弟兵"翠"字。娘子军《礼记》：行役以妇人。五代同堂《诗经》：子子孙孙。二人避雨一点不得上身"两"字。咬脐回猎药名：知母。其惟春秋乎《诗经》：无冬无夏。秋容淡《西厢记》：人比黄花瘦。两支藕灯《水浒》人名：孔明、孔亮。樊迟御古官名：载师。断简残编药名：破故纸。蠹鱼俗语：咬文嚼字。冒《诗经》：不日不月。左之左之，君子宜之；右之右之，君子有之《孟子》：二之中四之下也。骈《易经》：其邑人三百户。又，同里魏翥南刻有《春灯新集》。其中佳者如悲秋药名：梧桐泪。只此二字，颠之倒之。是男是女，君试猜之二古人名：子西、西子。《春病燕归梁》云："病守梨花静掩门，寂寞芳辰。四言佳句咏空庭，春色老，落芳尘。前人一去无消息，红衫染遍啼痕。鸾笺题就本无文，重系足，寄高林。"吉房招租帖。《忆美》云："不修螺髻，不学盘鸦，是黄花，不是黄花。娇容微斗赤城霞，圈也由他，点也由他。细思量，端的文君未嫁。"圈破"女"字。《春思》云："红颜女，动春思，或倚门，或靠壁。未曾会面，先订佳期，无非引诱人家子弟。"《经馆帖》。“此字不希奇，查天干一无所有，合地支又不相宜，任凭你横思竖想，只好猜他一半去。”“土”字。你也排行第六，我也排行第六，虽然面貌相同，其实天远地隔。”“己”、“巳”二字。脚踏莲花生“跣”字。毁瓦《西厢记》：撇下赔钱货。船小货重《西厢记》：如何载得起。《妾怨·清平乐》云：“知非竹木，不许同床宿。偶尔郎君身有病，又得郎君手拂。虽然指下安排，游仙梦里难谐。只恨郎心太薄，教奴送往迎来。”脉枕。又，姚滨臣《刻秋灯雅集》云：“一十二十三十四十，合起来只四笔，走起来有一里，君臣士庶同需此，本本源源难见底，冬暖夏凉含至理。”“井”字。“身材小，官职卑，大房高屋都不配，老景隳颓，迎神吓鬼，只落得夫妇寿齐眉。”《四书》一句：土地。杨妃宫内授心经《礼记》：鹦鹉能言。丹朱之不肖，舜之子亦不肖。”俗语：外甥多像舅。又，金亚匏《雅谜》云：“先生为伯。”《孟子》：师也父兄也。今刘九十有八《论语》：“父母之年”一句。[①]秦始皇古人名：吕产。亦俱雅令可诵。

衙门更鼓，皆自一更三点起，至五更三点止，尝有以之作灯谜者云：“一无一二，五无四五，中间二三四，一二三四五。”可谓包扫一切。

金山师，六安州人，自幼出家，持苦行，住灵谷四十余年。晚息静新退居院，终岁足迹不出户，目不识丁，但念南无阿弥陀佛，昼夜弗辍，每千遍则画一墨圈于壁，道光二年四月

① 李密《陈情表》：“祖母刘今年九十有六”。《论语·里仁》：“父母之年，不可不知也。”如果谜面用的是李密《陈情表》原文，谜面之“刘”为祖母，即与谜底“父母”不合；今谜面略去“祖母”，且“九十有六”也改为“九十有八”，那么，“刘”的身份就更难确定了，谜底同样不能认为是“祖母之年”。故疑原文有误。

化，寿逾八旬。满壁墨沈[1]淋漓，有七千余圈，盖已满七千余万遍矣。

琴之一道，学之者罕，盖古调不弹久矣。隐仙庵道士张雪堂，此技绝精。其师吴关津，琴中国手。周鸣岐受学于雪堂，究心三十余年，近时无出其右，有五十余曲，《关雎》、《圯桥》、《渔歌》、《普安咒》数套尤为冠绝，藏朱赤城琴一张，清音激越，的是元人法物。鸣岐贩茶为业，而闲淡自若。中年丧偶，不再娶。尝客于六安，必携琴自随，无事静坐，则指端挑拨，以意运之，得弦外趣。予藏一琴，腹刻"赤城朱致远"五字，鸣岐鼓之，清韵悠然，极相叹赏，谓与彼琴相颉颃云。

庚寅闰四月廿三日戌时，直隶磁州、河南彰德等处，地大震，死伤甚众。督抚奏闻，动帑赈恤。是日酉时，江宁亦微震，无事，静坐始觉之，盖地远气通也。次年八月二十四日丑时，地又震，人方熟寝，无不惊醒，四壁动摇，窗棂有声，床榻移走，自西而东似有推之而行者，视往岁为较重矣。

金陵古为吴越地，至孙吴称建业始为都会，故三代彝器从无新出土者，而旧家所藏恒有之。庚寅正月，有扬州人持小鼎来售。有器无盖，以紫檀木整刳为之四足，两耳青翠，斑斓可爱。家大人喜而购得之。张子实大令葆采谓精光照人，断为宋时，磨蜡有铭，"册作宝尊彝"五字在腹旁，又三字在腹正中，初释曰"大王保"。古歙程春海大司成恩泽，谓与《钟鼎款识》所载"父壬爵"绝相类，当作"壬"，"任"之省文。"大任"，文

① "沈"应作"渖"。

王之母，盖周家作此以追享也。又，或云古器铭“保”字多有以王字加首者，当是“太保”二字，未知孰是，且存参可也。是年八月，家大人又得汉鉴六枚，其中以四神鉴最精，中为龙凤形各一，人形二，四围铭二十八字曰：“吾作明竟，幽湅三商，配象万彊，□德安贞，子孙番昌，仕至公卿，与师命长。”陈雪峰文学宗彝释之曰：“‘竟’省‘金’。‘鍊’，‘湅’音，司借字。‘三’当读作‘参’，《说文》：‘参、商，星也’。‘彊’省土，‘钟’、‘鼎’二字多通‘疆’。下一字俟考。‘蕃’省‘草’，下‘田’作‘碙’，‘昌’中多一画，皆异文也。‘土’韵为‘士’，古文‘吉’亦作‘吉’，《说文》：‘㞷’从‘人’，‘士’作‘㞷’，则‘士’、‘土’二偏旁，形近通。‘与’当作‘真’，省文也。”其余十二辰鉴及无铭者，则世所恒见，不足异矣。又得一鉴，面已磨光，盖曾经俗手也，其背花纹绝精，中为八兽对舞形，外围较广，有楷书三十二字，曰：“绝照览心，圆晖瞩面，藏宝匣而光掩，挂玉堂而影见，鉴罗绮于后庭，写衣簪乎前殿。”书法圆浑，有魏晋遗意。按：仪征阮氏《小沧浪笔谈》载一鉴铭词与此略同，缺“罗”、“绮”二字，指为唐时供御物，但载径四寸三分，其制较小，外图十二辰象，亦与此异。张子实云：“玩其铭词，当在唐以前。”定为六朝宫鉴，请俟博古者。

宋吴可，字思道，建康上元人，著有《藏海居士集》及《藏海诗话》，载于《永乐大典》，《四库全书》采录之。《藏海居士集》二卷，旧无刊本；《诗话》，鲍廷博曾刻入《知不足斋丛书》，亦宋时吾乡耆旧之遗也。

灵谷寺有大宝法王殿及说法台，明永乐间建。成祖封番僧哈立麻为大宝法王西天大善自在佛，授以玉印。其时，又有番僧灌顶大法师哈思巴啰，俱召赴灵谷，建荐高皇帝后，见诸《野获编》。灵谷旧志阙而未详，陋矣。陈退庵《秣陵集》有《说法台诗》，谓“在孝陵卫东北”，而不知即在寺中也。

鸡鸣寺之阴，近台城一带处，有胥家大塘，蓄水冬夏不涸。环塘有田近百亩，旱涝无虞。蔡友石先生购为产，名之曰晚香山庄。地极僻静，人迹罕至，可为避嚣佳境。

卢妃巷之堂子巷周氏家，有石倚墙隅，半入土中，高约四尺许，阔半之，厚尺许，粗似麻石，称为落星，未知确否。南乡朱门街距城七十余里，有一石滨水，高可四五尺，形如拳，黝墨如漆，质坚，斧凿不得入。土人云：“康熙间落星所化，甫落时，火光荧荧，草皆焦死。”论天文者谓天中之物。日为最大，纯阳之精，月星皆借日为光。今落地之星，余火犹炽，则星固自有光矣，是又可备一解。

项石田文明，莘甫先生之子，画法承其家学，花卉人物，落落有生趣。身材短小，广颡而多髭，善诙谐，对客终日谈笑无倦容，坐中无石田不乐也。家贫，卖画自给，处屡空之境自若焉。庚寅，夫妇忽无故相继缢死，而莘甫先生当年亦以自缢终，固不可以理论者。

周维椿，字聚生，卖履袜为业。晚年厌弃世俗，修净土行，自号栖莲，持五戒，日诵佛不间十二时，如是者七八年。嘉庆丁卯除夕前一日，谓家人曰：“予明日将别。”其妻曰：“献岁时，胡为出此不详语？”周沉吟良久曰：“且让尔辈过元日可乎？”及元旦，受子孙拜贺，言笑如常，次日沐浴端坐，合掌诵佛半晌,声渐微而逝,殓时头顶尚热,面目如生,寿七十三。家严与友善,尝为熙等道之。

贡院至公堂联云:“场列东西,两道文光齐射斗;帘分内外,一毫关节不通风。”不撰署人姓氏。梁芷林制军《楹联丛话》载闽省贡院亦有此联,或谓黄莘田先生任所撰,然不可考矣。

洞神宫道士安合璧住持以来,开堂接众,俨有丛林规模。此羽士中之仅见者。合璧字普月,河南人,善琴并善针灸,年逾周甲,精明健爽,于修炼中大有功力。

人家中庭不宜树独木,盖困象也。妹夫吴质堂内宅种桃一株,一岁伤数人,去之而安。阮舅氏宅后滨河,旧有柳树,继改造水榭,围树于屋内,其上半株空屋椽以露之。是年伤数丁,舅以夫妇相继殁,伐之始无恙。予宅旁种桐二十余年,高出屋表。乙酉,两叔相继逝。术者曰:“桐出屋,不利主人。”遂伐之。

先高祖宏裕公,赋性雅淡,隐居力耕,有田数十亩在庄吴村,经理田务,皆命仆孙祥为之。祥,南乡人,自幼鬻身,诚笃不欺,且负勇力,佃户刁健者咸惮之,勿敢犯。一夕,二贼入室,罄所有窃去。祥惊觉贼逸,启户持械逐之三里许,追及贼,与斗,贼不胜,弃物而遁,遂负之以归,其果敢类如此,惜年三十而卒,时康熙末年也。先高祖悯之,葬诸大定坊祖茔之侧。今左圹外,有一石碑陷枯树根内,漫漶不可识,殆即其处。先高祖有遗容,祥侍侧,岁时展挂必以杯酒分奠。先祖妣尝历历道其详。嗟乎!孙祥诚予家之良仆也!予嘉其义,惧后之失传,故追述其梗概云。

岁时省墓，固以展孝思，而侵占伤残之弊，亦于此察之。为子孙者，所当刻不忘怀者也。大定坊先茔，自前明崇祯间迄今二百余年，应楼公以下四世考妣葬焉。嘉庆辛未，乡人戈天长死，其子偷厝于墓侧，适当白虎砂之巅。事觉，将鸣诸官，惧而移去。是年二月，四叔殇一女；四月，二叔母李孺人卒；八月，从堂兄灼与嫂卢氏相继亡；十一月，四弟煜殇门东三条营。芮氏兄弟皆诸生。庚寅，其祖墓上石楠树，百余年物也，为守墓者盗伐，顶气大伤。其年，父子三人皆病卒。吉凶之响应若此，可惧哉！

杨衡斋先生铨，江邑诸生，天性醇笃，幼有咯血疾。一相士谓之曰："结喉露齿，非寿者相。"先生谓："相虽天定，果能修德，人亦可胜天。"遂自立功过格，力行诸善，孳孳不倦，凡救生、瘗旅，修桥梁、道路，施衣、米、药饵，惜字之属，靡不踊跃从事。事继母以孝闻。母病笃，拜斗，祈以身代疾，顿瘳。为文一本，先辈《宋儒语录》及《性理》诸书悉心研究。姚惜抱先生深器重之，采乡中身未通显者遗文刊为《幽光集》，又于先辈大家中，选其有关世道者为《载道集》，非徒事帖括已也。生平德盛礼恭，未尝有疾言遽色，虽见童稚亦必长揖。乡里敬之，咸称为夫子。戊子夏，忽患发背，卒年五十有五，来吊者多流涕。其孝行被旌于朝。季子长年，字朴庵，庠生，善承其学，尝于端阳节携其侄乘小舟过武定桥，水大舟覆，逾时始救起，云："在水中明亮异常，若有人从旁掖之者。"一子一孙脱危难而无恙，佥谓先生救生之善报云。

聚宝门为往来通衢。嘉庆间，城楼倒塌，十余年来，有司莫之问。邑侯傅君戊子莅任之始，特筹款重修之，一时夸为盛事。城阙石路损坏亦久，数年前有议修者，格而不果行。当君之兴废举坠也，乡人士以是请，君毅然任之。由是，士庶咸悦，乐输者众，不数月而工竣。自城外长干桥，抵城内镇淮桥，百余丈皆墁以麻石，坚厚耐久，昔年崎岖之径，一变而为平坦之途。行者无不称快。城门之左立有碑，记始末甚详。君名璋，字我山，湖北天门人，嘉庆癸酉选拔，后升邳州知州。

温君纶湛，字露皋，贵州桐梓人，嘉庆庚申举人，官上元知县，宽厚慈祥，有讼者必反复开导，使两造意释而后已。有乡民拾遗金还其主，君闻而义之，表其闾，佥谓德化所感。旧俗多停柩不葬，贫者恒委诸荒野，久遂暴露。君广为劝谕，遴请公正绅士董其事，赴各乡饬令埋葬，无后者归义冢，获安窀穸者其一千有奇，遍移邻邑，仿照行之，泽及枯骼，仁政所先。此亦司民牧者所当深念者也。

俞太守德渊，字陶泉，甘肃平罗人，嘉庆丁丑进士，由庶常改官知县，所在有政声。道光己丑、庚寅间，知江宁府，勤求民瘼，廉干有为，听断时，心平气静，曲体人情，未尝有疾言遽色，而刁健者莫敢蒙。学使案临唱名时，生童拥挤，陋习已久，时为提调，严申约束，两栅栏各悬灯树帜，序立名牌，鱼贯而入，士气为之一肃。上新河久塞，绅士禀请挑浚。奉方伯委招集绅商劝捐，旬日间得金三万余两，而其事举行，民咸称便。城中赌风大炽，开场者不下数十处，公廉得其实，按名逮究，其风顿戢。童生肄业凤池书院，逢课时，谆谆训励，亲为批阅，以其地狭隘，捐俸购旧内孙氏五亩园，改建而恢拓之。而持躬勤俭，日居外舍办公，案无留牍，衣数月不浣濯，尝谓下僚曰："予本寒素，登第后犹著大布衣，敢过分乎？"庚寅冬，以两淮鹾务钦使驻金陵，议改章程，多所襄赞。无何，擢两淮运使，卒于官。士民感其德政，奉神位于凤池书院，春秋祀之。此迩年来贤太守也。金陵旧有谚云："财主无三代，好官无久留。"信然。

赐金庵在后新塘，出太平门三十五里。乾隆间，直隶总督方恪敏公观承建，中祀关帝，后有高阁三楹。距庵一里，为方氏先墓，旁有祀田。公自书碑两道，在殿之两旁，叙始末甚详，乃其坟庵也。墓葬公之祖工部主事讳登峄、考中书舍人讳式济，皆以文字累谪黑龙江。公岁往来塞内外，营菽水之养于其间，所谓苦其心志，劳其筋骨，有人所万难堪者。公事亲孝友爱兄弟尤笃，有《塞上忆兄诗》云："麻衣万里呼天泪，冻雪千山负米心。"求忠臣必于孝子之门，信矣。

前埠大庙在江邑朱门乡，去城七十里，横冈如几，建庙其上，祀祠山张大帝。其右为观音庵。门前有古柏一株，大可数围，其形如伞，相传为唐时物。庙之南为史家村，村后名松山，即先祖妣、先妣墓。此冈乃墓前近案也。家大人每展墓过之，辄徘徊其下，以"老柏"呼之。

李贞女，名世鸾，庠生李镜江之女，居孝陵卫之钟灵街，幼随父读，许字同里王氏子，未冠而亡。女矢志自守而未明言也。父母素钟爱且怜其幼，逾年有问年者，隐为订约，聘有日矣。女知之，泣以死誓。家人慰劝，令熟思，冀回其意，数日复叩之。女曰："予计之熟矣，往王氏守贞一也，侍父母以终身二也，舍此二者惟一死耳。"语毕大哭。其家告诸王氏，王氏从其请，以礼迎归，时年二十一。

陶上舍衡峰，妻宋氏，虔奉大士，晨诵《大悲咒》百遍，老而弗懈，寿至八十五而终。临终，见二童子执幡来迎。次子松山上舍述其详，刊诸《观音持验纪》内。又闻生时，尝有白鹦鹉来集于庭，濯濯如雪，群鸟数百随之，逾时向西去。家人咸睹，盖精诚所致也。

管异之孝廉同女病，诸医束手，咸谓将成瘵矣。一夕，忽梦人语之曰："盍食青蒿？"服之，病顿瘳。孝廉以诗纪其异。青蒿固疏肝之品，而见诸梦寐，一投辄愈，其抑有阴使之者乎？

通济门外东南乡，有杜桂村，陶氏居之，族甚繁衍，富者居多。梁武时，有杜、桂二卿居此，故名。其地有香林寺，见《梵刹志》。二姓名村，犹之朱陈也。相传陶氏之先延一地师在家，卜地葬亲十余年，事之罔懈。既而得吉地，师曰："地有两穴，一富一贵，请主人择一穴，以余穴葬予亲可乎？"陶欣然诺之，遂葬富穴。今陶氏丁蕃而巨富，是其穴已发作，卒如地师之言。特不知地师为何如人，其自葬一穴果发贵否也？

昔有吴翰阁者，善测字，居报恩寺大悲殿，铺敝簟于地，来叩者自举一字测之，多奇中。其徒褚鉴明得其传。吴编修坦未达时，问科名，褚令指佛殿物以测。吴指神牌上"南无"二字。褚曰："南场无之，君其赴北闱乎？"丙子，赴京兆试，果中第六名，次年连捷，入词林。道光乙酉，端木中书坦典试云南，其弟望音信甚殷，指殿前右柱测之。褚曰："柱字木旁，为十八；十八日信当至。木边为主，应放主考。其柱居右，乃副者也。柱色红，必在南方。"果如所言。

翁止园先生荃，江邑诸生，究心“三礼”学，与桐城方望溪、高淳张彝叹、同里刘古塘称为四子。晚年卜筑南郊，门前古树数株，杨忠襄墓、方忠文祠，遥遥相对，门额石刻“止园”二字，为方望溪书，今犹存。止园先生诗文多不传，有《读武侯靖节合集》、《田家诗拟陶》，见张南山《国朝诗人征略》并沈德潜《国朝诗别裁集》。近有陈翁泰占居其中，老而无子，性孤僻，卖画自给，所作山水大幅，喜用干皴，苍朴浑劲，人颇珍之，年已九十余矣。

秦易堂先生高祖妣方氏，当明末时，居当涂，遇贼死于水，贼退，人见岸有植簪，乃得诸池中以敛，衣服皆缝纫不可解，面如生人。国朝来，未被旌格于例也。及嘉庆二十五年秋，先生应召入都，据实面奏，始奉特旨予旌。幽光潜耀几二百年，一旦获伸，诚所罕见。墓在当涂巧山高村，自栲栳发脉。堪舆家谓出脉处为蛾眉文星，石脉逶迤为芦鞭。信其家发祥大[1]地乃天授，非人力也。

汪芝亭先生恩，由知县荐升至芜湖道，所在有政声。其莅南江时，邑之柏杨坪有古柏数万株，绵亘百余里，土人谓之神木。奸商利之，屡请砍伐。公力持之，谓不可伐者有四：一、左右多系田墓，伐木则践踏争斗，必酿事端；二、山树旁护河堤，中通孔道，留之则水涨无崩圮之患，夏日招荫庇之凉，地势、民情两有裨益；三、百里菁葱，有关风水，且历年久远，砍伐大戕生机；四、县界东连巴通，西接广，南近苍溪，北与陕之宁羌

① “大”字疑有误。

褒城毗连，地方辽阔，风俗强悍，一伐此木，锯匠、运夫多至数万，贤奸不一，聚众滋事，势必不免，禀请各上宪颁示勒碑，永禁砍伐。士民咸感戴焉。公一日坐堂皇决事，忽几案间现出树影，宛然如绘，俄顷始灭，殆山灵有感耶！

《府志》载大学士何宠墓，在江邑归善乡。公，桐城人，崇祯时入阁，而山名未详。今聚宝门外八十里，地名沙塘野，有一墓冢堆，以砖砌成，器固坚铁，呼为何阁老坟，盖即其地。予家官山庙史家村先冢，堆冢皆用砖砌，仿其制也。

铜器入水千年，其色青；入土千年，其色绿。间有结成厚块，刮之见赤。若丹砂者，谓之锅粑班，皆铜之精华为之也。其未经入水入土者，则其色纯黝而有光。此种绝少，名曰“传世古”。予家得一“父甲尊”，有铭，七字在腹内，曰：“‘鼎’作父甲宝尊彝”。程春海大司成云：“‘鼎’即‘员’字，石鼓文作‘’。”与此正合，乃作尊者之名也。形式浑朴绝伦，的是商器，通体无青绿，黝如漆，光可鉴人。阳城张古馀观察谓为“传世古”，当自不谬。

张致和先生桂林，一字古岩，精岐黄，以救济为心，为数十年来良医之冠。晚岁著书自娱，足迹终岁不出户，而就医者益众，必细按脉理，深究病源，必得应手而后已，寿至七十九而终。戚友来吊，有为痛哭流涕者。其尊甫字景文，亦善医，日以药周贫乏，煮汤糜以供远道者。今其子孙昌盛，盖世医而有隐德者也。

始祖晋于湖敬侯铜名印，龟纽，银错，高九分，阔如之。白文四曰“甘某之印”，旧为倪铭香文学德新所藏。铭香受业于陈敬甫学博克宽，其曾祖讳凯，善丹青，遗迹悉毁于火。家大人尝以藏轴赠之，学博感甚，知印在倪氏，遂转索以为报。铭香慨诺，乃归为世守。予与祺仁兄有诗纪之。噫！一投报间，若天作之合者，岂偶然哉！

庚寅十月，有人持铜簠来售。其形方，上广下狭，高六寸五分，通体云纹。腹底正书曰："大德元年龙兴路学教授姚□□提调儒学提举司官总管陈元凯"凡二十六字。按：大德，元成宗年号；龙兴路，今江西南昌府。《元史·百官志》："儒学提举司，秩从五品。各处行省所署之地，皆置一司，统诸路府州县学校、祭祀、教养、钱粮之事及考校呈进著述文字。每司正副提举各一员。儒学教授秩九品，诸路各设一员。"此其文庙之祭器也。元去古虽远，然勒名考诚，亦自可观，遂购之。次年夏日，仆子携以就井洗涤尘垢，误落井中，可惜！

凡造桥梁将合口，石匠必叫生魂为魇镇。犯者立死。故人家童子外出，衣上皆挂一红布条，书云："石叫石和尚，自叫自己当。速速回家转，好去顶桥梁。"欲破其术耳。嘉庆己卯，重造淮清桥，工将竣。桥心合口处，一石斜支以木。一日清晨，有担粪者过，触之，石落人惊，归家而卒，盖魂为摄矣。又闻乾隆间，修造九龙桥，告成有日矣，石匠遍觅生魂不得，大窘，及期邑侯吴君元潜诣验，设公座于桥尾。甫入座，忽一匠跪而言曰："吉时已到，请太爷合龙。"吴辄投笔谓之曰："汝先去罢。"石匠应声起而龙已合，数日竟暴卒。欲害人而适自害，小人伎俩奚益哉？

有一种蛇，遍体纯青似新竹，春夏田间恒有之，名曰竹竿青。性极毒，朝被其啮，暮即死。谚云："竹竿青，早间咬，晚敲钉。"此之谓也。予家有田在神策门外张家冈。夏日，场上有稻草堆。雨后，佃农散而曝之。中藏其二，长六尺余，见人跳跃作欲噬状，亟以锄击死，焚为灰埋之，以其骨刺人且不可治也。

冬日，蛇蛰，衔土口中，至春出而吐之，香洌异常。犬食之则疯啮人，逾七日不救，即偶啮其衣亦然，谓之撩衣疯，击之只宜用巨竹。他物为所啮，亦染其毒，盖"竹青皮"，犬所畏也。诸方书载治法而罕经验，惟"班猫"神效无比。医士徐治安，尝过南门军师巷口，见一犬跳跃咆哮，目赤如血，口津流涎，众方环观，适一买菜童子在人侪中，犬啮其足跟，负痛而去。徐亦被啮其履而未伤。少顷打死。徐归，心窃疑之。逾日，取班猫五粒，麝香、冰片各三分，合研煮绿豆汁和服。日一周，药力发作，腹绞痛如割，茎物肿胀。无何，溲溺涌出，继之以血，约半桶许，内有碎血块，形弯如虾米，蠕蠕然动。经一昼夜，溺始尽，头痛目眩，心摇摇不自持，知毒退，正虚，服参汤良久，乃安。甫经一日，即已成形，奚待七日哉？徐亟访买菜童子，居城北，果七日发毒，踊跃号咷，声如犬吠，腹中有物啮之。其家缚之于凳，凳木悉为咬碎而死。为期已久，不可救药矣。徐亲为予言。

陈丰之，中书维垣石渠先生之次子也。家贫，惇行力学，恂恂然儒者。为诸生时，学使王勿庵、汤敦甫诸先生极赏之，每试辄列前茅。癸酉，予初入泮即与订交，恒相过从，以所作诗文就正。君指示疵瑕，直谅无隐，尝读书半隐庵。予兄弟二人与君兄弟四人为文会，得切磋之益居多。家大人常诫曰：“友必胜己，陈氏昆仲是已，汝曹善学之。”过予家时，家大人必命具酒肴款留，辄谈至夜分不倦，率以为常。中戊寅举人，己卯连捷成进士，以内阁中书用，旋丁艰归。壬午，其座主帅仙舟中丞延主杭州之紫阳书院。是年春三月，予随家大人游西湖，造访焉，相见极欢，款洽周至。院倚城隍山，其巅有文星阁，可以远眺。时山下碧桃盛开，君呼童携榼邀共游赏，小憩于沽酒人家，啖薄饼，夕阳在山，乐至忘归，盘桓三日而别。今追忆之，恍如昨日事也。癸未，服阕赴都。其同年俞吏部诵芬，延主其家，僝直之暇，孜孜以课徒、读书为乐，逾年忽疾，终于京邸。讣至里，知交咸悼惜之。以君之学行，方期大用于时，乃天不假之年，中道遽伤殂谢，良可悲已！

娑罗树，直干，丛生，其叶必七，四月中开白花，高出枝上，结实如荔枝，烹之味绝淡，能疗心痛、气壅之疾。宏济、报恩、高座、灵谷诸寺皆有之。寺僧取以售人，服之颇效，称为番种，殆非虚语。

钟山旧产人参。南朝阮孝绪，尝因母疾求得之，有随鹿谷《金陵志》诸书载之。相传明初尚有得之者。又，山中产香楠木，明时甚多，无足珍异。数百年前，旧家大厦多用此木，有大至数围者，今则“灵谷深松”已非复当年景象，况此木乎？地气盛衰，古今不同，信然！

小儿出痘，为生死一大关。世俗之医，不察虚实寒热，恒以凉药治之，动曰毒重，宜清宜彻，随同附和，牢不可破。虽其中之果系实热者不无一二应手，然反是则变如反掌，不死于痘而死于药者多多矣，可伤孰甚焉？通济门外耿冈，有耿天池者，世以痘科著名，人呼为耿痘。己卯仲冬，予六弟出痘时，方六龄，素患乳癣，体无完肤。痘出癣中，细碎平塌，莫可辨识，不能起顶灌浆，奄奄待毙，亟延耿君治之，曰："此儿为乳癣所伤，气血本不充足，况服凉药过多，以致顶平浆陷，恐难收功，幸其尚能进食，且不洞泄，当亟以大剂温补投之，倘能再发出一番新痘，则子来救母，可保无虞。"服药后果如其言，留宿数日以法治之，而浆回痂结矣。今其人已物故，子若孙尚有守其业者。

比岁，家大人陆续得九爵，无铭字者三。一曰父癸爵。"父癸"二字在鋬内。父癸，成汤之父，盖子为父作，著"癸"以正名也。一曰祖丁爵。"祖丁"二字在耳，又作弓形，中人形在鋬内。祖丁，祖辛之子。商之酒器，间有以弓铭者，如薛氏《款识》[1]所载弓壶之类，盖射者必继之以饮也。一曰父甲爵。"父甲"二字在鋬内。商之君二十有八世，以"甲"称者凡六。沃丁、祖乙、南庚之类，皆"甲"之子也。此言"父甲"，盖子为父设也，特不知为何"甲"耳。一曰父乙爵。"父乙"二字在鋬内，又立戈形在耳。商之君称"乙"者六。汤四世祖曰報，乙汤曰天乙，后又有祖乙、小乙、武乙、大乙，此器未知何"乙"也。然有立戈形，或象天乙之武功乎？一曰子孙父癸爵。"子孙父癸"四字在鋬内，较前"父癸"爵稍高，以"子孙"加诸"父癸"之上为词，盖子孙作此以追享之也，与薛氏《款识》所载"子孙父癸鼎"、

① 即《薛氏钟鼎款识》。

“子孙父乙卣”之类同。以上五爵皆商器，其余一爵，青绿最佳，并有朱班耳，上作雀形，“父作丁公”四字继之。丁公名伋，太公望之子，盖齐之宗器也，或云第一字乃“雔”字形象，《积古斋款识》有“中雔父”、“敦雔父”，人名，盖作器者也。未知孰是，尚俟参考。

卷 六

三品以上大员名，后生避之，以示敬也。俞陶泉太守府试时，有童生王杰与韩城相国同，又有王鼎与蒲城尚书同，特悬牌谕改。上元黄文学钺，嘉庆戊寅，陈方伯继昌试钟山书院，以其姓名与当涂左田尚书同，命改名铦。时吴述之太守继昌为诸生，在书院肄业，其名适与方伯同，亦改为纪昌。又有与古奸臣同姓名者。文生倪文焕，某科已中式矣。填榜时，主司恶之，撤去。甚矣！命名不可不慎也！

贡院前有卖雀戏者，蓄鸠数头，设高桌，旁列五色纸旗，中设一小木笥，放鸠出，呼曰："开场！"鸠以嘴启笥，戴假脸，绕笥而走。少顷，又呼曰："转场！"鸠纳假脸于笥，衔纸旗四面，跳跃作舞状，红绿互易，无一讹舛。旗各衔毕，呼曰："退场！"鸠遂入笼，复令掷牙骰，呼么喝六，靡不如意。为叶子戏，则排斗巧顺，去取悉中，布列"天"、"地"、"人"十余字，令衔之，皆能应声识认。出一秋千小架，四鸠循序而登，上下回旋，以鼓节之，疾徐合度。一禽之微，灵敏如此，异哉！

嘉庆间，有卖戏法者，为北省人，设场于泮宫前。其人年五十余，体肥而多髭，两足瘫软，蹲地而行，架桌三层，上下跳跃，其捷如飞。一女子年未及笄，怯若不胜衣，缠足极小，弓鞋如钩，解裙仰卧于地，两足倒竖，以大水缸横陈足上，缸有釉，滑不可支，且有一五六岁小儿卧缸中，女子以足弄之，左右旋动，疾若转圜，胜踩索之流多多矣，然恐非善类也。

有人云，四明范氏天一阁，藏书架间，多庋秘戏春册，以避火也。予谓春册乃诲淫之具，虽是名笔，岂可收藏！况与古人书籍同列，更滋亵渎，避火之说本自何书，范氏贻谋不若是其谬，当是传闻之误，纵或信然，亦不足法。家大人闻之曰："尔之言是也，惟闻天一阁北方有隙地，累石为坎卦，取生水之义。"此实有至理。异日，予家筑津逮楼宜北向，即于壁间以砖作坎卦六象，其谨识之。

龙翔寺，《金陵闻见录》谓下街口、白塔巷一带即其址，元文宗时建。然《金陵新志》载寺原始极详，并有图，东跨西虹桥，西抵冶城，是自羊市桥抵红纸廊一带，皆为寺址。不独下街口也。今曹都巷口有铁鼎，俗呼为大香炉，上有元时年号，并舍奉龙翔寺各姓名数十字，历历可辨。陈退庵《秣陵集》谓为张士诚墓，镇以小白塔并铁炉。考《明史》本传仅云：士诚归金陵自缢死，命具棺葬之。并未明言其处，而白塔、香炉为元时龙翔故物，恶可附会言之乎？

城内有三故衣廊：一在花市之南，一在斗门桥之西，一在北门桥之南。其地多故衣铺，为旌德人裁缝聚处之所，惟北门桥尚有旧廊，余皆民居侵占矣。

《上元县志》载："铁塔寺，唐太宗时建，有尉迟敬德监造砖。"按：寺创自刘宋，初名延祚，非唐时也。《唐书·敬德传》：一生征战，未尝至金陵，何从监造？嘉庆丁丑浚河，斗门桥下有砖曰"尉迟恭监造"。或云术家以鄂公为黑煞神，造砖者义取魇镇耳，说较近理。

前明造琉璃瓦，以备大工之需。其窑在南门外西善桥一带，谓之琉璃窑。报恩塔及孝陵享殿，皆用琉璃瓦，壮丽无比。朝天宫屡修殿宇，已失其半。府学为明太学大成殿旧制，亦用琉璃黄瓦。嘉庆己卯二月朔灾，俱成灰烬矣。

灵谷退居别院，墙隅有石刻云："秋日，灵谷寺同绍斋赵公印川公潘偶憩。入寺人天界自分，二陵佳气昼氤氲。千峰薜荔含秋雨，十里松杉下白云。树杪楼台僧作舍，花间麋鹿客为群。即教名勒燕然石，能似来披贝叶文。万历壬午秋日秀岩山人李言恭书。"旁有"南都留后"及"柱国临淮侯章"二印，乃岐阳王裔也，地处幽僻，人所罕见。予修寺志采入焉。

沈耀祖者，庆余班中名正生也，素好佛，皈依鹫峰寺达宗和尚，事之惟谨。和尚化后，耀祖病濒死，至冥府，见阎罗王坐堂审讯，鬼卒罗列。正战栗间，和尚至矣，王执礼甚恭，降阶迎之。和尚指之曰："此人无重业，母老子幼，可悯，请缓之何如？"王诺，遂复苏。其家具蔬食、香楮，诣寺祭谢，逾七年乃殁。住持如莲言。

先祖故居在东花园，嘉庆己未，始迁居今宅，其屋转售于陈容园先生。大门本向东，面城墙而立，陈氏改而向南，恰与报恩寺塔相对。其意取文明之象，然不数年，被祝融之灾，其家一炬而空之，可不慎乎？形家谓："火星燥烈，不作穴朝对，亦当克制得宜。"《龙经》所云："贪狼若非廉作祖，为官也不到三公。"乃指祖山来龙而言，不在此论。

世谓"须发早白，难以永年"，而不尽然。痘科孙茂昭，年四十余，须发俱白，寿至八旬；管异之孝廉，三十时发已半白，亦逾五十而卒；易文江长华三十外发已班白，今官广州同知，殆由血燥，抑攻苦使然耳。

隋麻叔谋蒸小儿以为膳，真残忍之尤也。至今，怖小儿者，犹呼麻胡子。聚宝门外五显庙，有塑像状极狞恶，手持、足踏、背负、腋挟无非小儿。此等凶恶，淫祀莫甚，所当撤毁者。倪明经德灏，字问渠，五旬外忽遘奇疾，一字不识，无能治之者。按《五杂组》载："松滋令姜愚，忽病不识字，数年方复故。"是古人有之矣。

《金陵世纪》载："街巷之名，今昔多殊，间有可识者，亦皆讹舛。如乾鱼巷在斗门桥内，讹为甘雨；弓匠坊在铁作坊西，讹为弓箭；鼓铺廊在御街东，讹为书铺；草鞋街在斗门桥南，讹为彩霞街。"又所载小街十二，惟太平、中正、致和、广艺、草鞋、评事、成贤、马道、磨盘九街尚在。其余，存义、里仁之类，无称其旧名者矣。

先伯祖柱臣公，家素贫，为市钱者代平其值，世所谓经纪也。性耿直，然诺不欺。会有司厘剔钱法，北门桥金姓香蜡铺，偶有外来客，存钱数百缗，不甚大。同业者侦知之，欲要以为利，谋诸公。公意此事发，金必破产，且非其己物，何忍嫁祸？遂佯诺之，而密告诸金，令乘夜移去。诘旦偕往，遍索无所得。众大失望。金感而厚酬之。公曰："予若爱钱，不告尔矣。"固辞弗受，里中仰其盛德，呼为甘夫子。十室之邑，必有忠信。然古今人不相及者多矣。

历科乡试，惟嘉庆庚申中式最少，揭晓日，通榜填完，仅梅抱村先生一人及折五魁。卷第四名为邓嶰筠先生，众乃大慰。先是有请乩者诗云:“邓尉梅花一两枝。”可谓奇验。乾隆壬申科乡试,仅中秦涧泉殿撰一人,盖一以当百,不必多为贵也。胡心斋师言。

由四象桥转西,抵昇平桥,沿河一带石岸整齐,谓之晒场。旧为邑人陈万顺后宅,不通行人。前门在中正街,有广厦数百间,聚族而居。陈在京开绸缎庄,家素封[1],其地为晒谷之所,对岸为旧内城墙,屹立如屏,或谓背有倚靠,旺气大聚。乾隆间,有司以城砖为工程修造之用,拆毁一空,其家顿败,析为数姓,开门行走,遂成通衢。

评事街亦名皮作坊,见《金陵世纪》。今由打钉巷抵七家湾,攻皮者比户而居,夏日污秽不可近,尚沿旧习。而转东一巷名曰皮场,盖亦皮作坊之所。内有小庵,上建景公阁,塑景忠壮公像,岂以公遭奇刑而祀之耶?殊属不经!数年前,居人恶其名,修造闸门,改为平章,则又失其实矣。

失火之家罪坐。失火之人,止笞四十,示薄惩也。乃不肖胥役,往往藉端索诈,必逮系到官,得赂乃释,谓之拿火头。小民深受其害。嘉庆间,有民家失火,节相松文敏公筠躬往弹压。火息,谕觅火头,群吏哄然得计矣。少顷,缧绁诣公前,公诧曰:“谁逮尔者?”以实对。公曰:“汝已遭惨,何罪之有?”立脱而厚恤之,自是无拿火头者。公见道旁乞丐,必命从者给钱,出则群丐环伺之。庚午乡试,常例之外捐俸,每人熟火腿

① 素封,出自《史记·货殖列传》:“今有无秩禄之奉,爵邑之入,而乐与之比者,命曰‘素封’。”

八两，待士之优如此。公生平为政，多敦大体。其为伊犁将军也，赏信罚果，人畏之如神明，及晚年，任封疆务，与民休息，仁心恺泽，视之如伤，盖因时制宜，宽严并济也。恶得以好行小惠，妄加訾议哉！

明初设教坊司，立富乐院于乾道桥，复移于武定桥等处，至今其地犹呼曰院门口。又有十四楼以处官妓，如南市、北市、轻烟、淡粉之类是也。夫狎邪之游，法当厉禁，乃著为令甲，是导民也。政体之乖，莫甚于此。而靖难诸臣妻女，多入教坊，风教沦丧，至文皇而极矣，真从古未闻。

陈外祖家在贡院旁姚家巷，百余年矣。门前有小屋数十间，皆其产，赁为民居，而巷极隘，屡有火患。先世悯之，拆其半为空地，以便出入。宅后为淮清桥大街，有廊通行，亦甚隘，复捐买隙地，设大缸十余口，积水备不虞。后邻人迭遭回禄，其家独安然无恙，信厚德之报云。

侍其巷名甚古。元《金陵新志》载："《庆元志》：'旧为侍其氏所居，多善人。'"今正南隅永安坊有雉鸡巷，恐即此而讹。明陈世亨《金陵世纪》"衢市类"有侍其巷，亦引《金陵新志》为注，是历宋、元、明以来，名已非旧矣。然今聚宝门西南隅钓鱼台侧，有闬门刻砖曰"古侍其巷"，则昔非而今是也。宋时有侍其云叟，善琴。建昌李商老彭有诗云："君家建业城东头，卷帘卧对长淮流。除书谤书不到耳，空洞腹中无片愁。""白浪从高瓦官阁，清夜无人响猿鹤。琴声时复一挑之，北斗横天月将落。""御风过我故山岑，一写太古之清音。当春风动为凄紧，波底时闻龙一吟。""坐观人琴成二妙，觉来形秽颜枯槁。伯牙袖手意有余，请公临流一舒啸。”[①]此侍其氏之仅见者。

张大风以画名世，兼善铁笔，而不可多得。予藏有青田印章，石质莹润，两端镌“何采”二字，朱文旁有“张风”楷书二字，乃为同时何芦庄作者，古雅绝伦。

旧王府李姓古董铺，持新莽钱范一具来售。其形方径四寸许，中为员范者，四底盖俱全，通高及寸。其色青，盖曾经入水者也。因索值甚昂，留玩二日归之。后闻为汉阳叶东卿先生，以番银四十圆买去，为之怅怅。

朝天宫西黄泥巷，俗呼为皇迷巷。相传卞忠贞公墓至明乃显。明祖尝微行，见一妇人大笑，问之，曰：“父忠子孝，故笑之。”问：“在何所？”妇人以手指之曰：“此去数十步。”遂不见。明日，命有司往观，掘地数尺，得志石，遂表之，见郎瑛《七修类稿》及《应天府志》。然按南唐即墓侧建忠贞亭。宋庆历间，叶清臣改曰“忠孝”，绍兴赐庙额“忠烈”。明初立庙于钦天山，刘三吾记有“冶城庙如故”之语，是明以前固已彰著，岂至明而乃显乎？《金陵世纪》：“黄泥巷在朝天宫之西，即古之运巷。”《景定建康志》：“运巷在今天庆观，相接即黄泥巷。”则古名黄泥，确凿可据，“皇迷”一说，非附会而何？

杏花村，在城西南凤游寺之右。《府志》谓：“信府河，凤凰台一带即是。”殊无分晓。信府河乃今长乐渡，有汤信国公祠，一东一西相去悬绝，何与凤台牵？混言之耶！然则修志者，

① 全诗共十六句，七十二字，基本上是每四句一韵，且不合律，应视为四首古风。

必细心参考，不可率尔操觚也。

钦天山帝王庙，今祀先医。正殿犹奉三皇，两庑则配以扁鹊、仓公、仲景、华陀，为业医者聚集之所，奉有张仲景遗像一轴，岸然道貌，望之若生。其为谁何手笔则忘之矣。庙内有泉，城北三泉之一，味甚甘冽。药肆熬制驴皮胶，皆取其水，有茶舍名曰“歇歇去，且吃茶”，炉篆瓯香，饶有野趣，视市廛诸馆，雅俗迥殊，可与南城永宁泉角胜。又，土街口道旁有小茶肆，屋宇不多而饮具精洁，以炭火煨陈雨水，茶叶亦殊佳，有龙井、银针之类，此亦独出冠时者。

周昆来善画龙、马，人物亦工。性倨傲，高自期许，当时颇不易得。予藏《待渡图》，峨冠、按剑、独立，一种抑郁不平之概，溢于楮墨间，真传神妙手。按《金陵闻见录》：“昆来幼得异传，有拳勇，甘凤池与斗且弗胜。”殆自写抱负欤！

迎春东郊，旧在通济门外鬼神坛，后移神木庵。是日，郡守以下咸往，迎至府署而止。打春乡人，击鼓鸣金，登堂唱歌，多冯家边人。谚曰：“冯家边人惯说吉利话。”正谓此也。土牛送寒，古礼有之，俗谓隋炀帝后身，殊近荒诞。勾萌神曰傲马，不知何本。又指为宋包孝肃之子，信如斯说，宋以前为谁耶？真齐东野语也。

鱼品以鲥鱼为俊，昔人尝道之。然四月方出，他时则无。后湖鲫鱼，张白云称其腴美，当时已无孑遗。今所重者，朝阳门外河鲢子鱼，烹之有松子香。旧谓钟山多松，大雨后，子流河内，鱼唼食之。然不可多得。六合县龙池大鲫鱼，肥美异于他产，亦最著名。石首鱼自京口而来，船上有冰，在上新河开市发卖。城内小民多星夜出城争售之，俗呼为黄鱼，每以鱼之到否占岁之丰歉，屡试屡验。黄盖属中央，其性能理脾和胃，谓为“黄云普庆”之征，却有至理。闻京师黄花鱼即此种，出天津，然不及江南之肥美远矣。

陈仰韩上舍兆麒，休宁人，侨居田鸡营，笃学嗜古，老而不倦。幼从惜抱先生游，古文时艺，笔法简洁，著有《兰轩文集》。善饮好客，家有老梅一株，春初梅开，必招集二三老友宴集。与胡心斋师、张毅斋明经、管异之孝廉、家祺壬伯兄极友善。其古之学者欤！其家蓄一猛犬，西产也，锁之空屋中，见生人辄咆哮跳跃，作欲噬状，夜则放出守户，居之数十年，虽夜不闭户，宵小无敢犯者。

长乐渡生生堂楹帖，录邵子诗句云：“不作风波于世上；自无冰炭在胸中。”最为浑切。又一联云：“常使胸中生意满；须知世上苦人多。”二语本康熙间郑谷口簠赠姚大司寇文然者，旧有八分书，“常使”作“但令”，“意”作“气”。梅伯言云：“‘气’字不若‘意’字精。”然京师彰仪门外普济堂联即此二语，为姚公自题，见《藤阴杂记》。未知孰是。

祠堂多在乡间，城中罕有，惟芦政牌楼后街方氏祠旁，为慈云庵，极其宏整。乌龙潭教忠祠亦桐城方氏所建，祀明靖难忠臣。四川断事方公法望溪先生尝读书其中，后人建屋三楹，祀先生暨兄百川、弟椒涂。祠后有亭榭，下临潭水，夏日荷芰盛开，纳凉胜境。聚宝门外王氏祠、包氏祠，江宁县署后秦氏祠，汉西门龚氏祠，虎踞关李氏祠，不过规模仅见而已。若明瓦廊梅文穆公祠、四象桥董文恪公祠，乃专祠一人，非宗祠也。嘉庆间，王氏建宗祠于大夫第，仿元和范氏法，置祭田千余亩，惇睦可风。予家世居小丹阳，族姓繁衍，宗祠久圮。嘉庆戊寅，家大人倡输千余金，偕族人韶九等创立于始祖敬侯墓侧，钱唐吴谷人祭酒撰记，德清蔡谷山鸿胪书碑，方茶山观察体撰联句云："七庙有功，侯封不亚温忠武；一抔无恙，血食犹方卞建兴。"措语如铸。

明吕新吾先生所撰《呻吟语》，初本四卷，晚年复手自删削定为二卷，《四库全书》载入"儒家"，谓其讲学不语精微，不谈高远，惟以躬行实践为主，在明季最为醇正。国朝陆清献、陈文恭两公，各有刊本行世。嘉庆己卯，学使汤敦甫先生录遗，以之问策，场中多不知所对。杨君衡斋援笔立就，条对详明，考取第一，乃其平日熟读理学诸书之力也。往岁，家大人得吕公真书一联云："欹器一满即倾，常虑亏从盈处伏；谦卦六爻皆吉，须知益自损中来。"上下联各钤图记，一"吕坤"，一"叔简"也。公生平固不以书传，而铁画银钩，书法遒古，确有严气正性气象。张古余先生见之，叹赏不绝，曰："藏古人名迹必以理学名儒为最重，忠臣孝子次之，其余皆可有可无者。是联语句警切，悬诸座右，尤足发人深省。"怂恿钩摹、付梓、拓之，以公同好。

颜料坊之童子巷，旧有鬼祟。何雨人尚书未达时，家居下浮桥，课徒于小门口。汪氏家尝夜归，经其地时，更深人静，微雨昏蒙，忽背后呜呜有声，觉冷气逼人，毛发森竖；回顾之，一物高二尺许，昏黑中莫辨其状，在地跳跃，稍让而呵之，其物顿奔跃于前。先生拍掌追之，是物屡蹶屡起，至下浮桥，滚向水中而没。先生曰："汝水鬼耶！"遂倚桥栏少坐，俟喘定而归。

朝天宫西山三皇阁，有铜人，长六尺余，裸体赤足，腰著短裤，周身穴孔历历可识，相传为元代所铸，惜无年月款识可考。前明医官常居阁中，故有是物。三皇中有神农氏，乃医官所奉也。嘉庆间，阁毁于火，铜人被烧通红，幸为人扑救，未至销化，今置诸阁旁敝屋中，惟所刻各穴道，蝇头细字多就漫漶。若精医者，按照方书重为修整，移奉医局，为学针灸者之津梁，庶古人遗制不至久而湮没尔。

俗语中有天造地设、自成对偶者，如："扶手撮脚；摆尾摇头"、"借客陪主；相女配夫"、"拉长补短；牵精搭肥"、"得钱不问主；有乳即是娘"、"乡里狮子乡里舞；大家马儿大家骑"、"哑叭吃饺儿，肚里有数；瞎子坐首席，目中无人"、"豆腐老盖河房，汤来水去；裱背匠开槽坊，酒少画多"。

胡心斋师云："上元教谕毛俟园先生藻，泗州[1]人，其时艺取法天、崇、国初[2]，而参以制科体格，为举业正宗，尝监理钟山书院，姚惜抱山长、康茂园方伯极推重之。邑人士从游者多所成就，邓嶰筠制军其尤著者也。"先生乾隆辛卯举人，壬辰会试已入魁选，房考力争元，竟至摈落，自是遂绝意公车。信乎！文章遇合，命实为之也。

旧内有三巨鼎，不知何代物，因筹军饷，钱币不足，遂移以供鼓铸。将毁前一夕，鼎忽大吼，僧文璞鸠众输铜纳局，遂赎三鼎以归，置报恩、碧峰两寺及圆觉庵，见朱嗣宗先生应昌

① 原本为"洲"，误。

② "取法天崇国初"句，"天"即天启，"崇"为崇祯，"国初"即清初。古人对举前后两个连续的年号，可以只取第一个字。

《洗影楼集》,有《鼎吼吟》。此明末事也。

康熙间,制军麻勒吉,满洲人,莅任数年,兴利除弊,纲纪毕张,凡藩臬、郡县、学校、营卫、驿递、场局、市井一切要政,各定章程,以除苛滥,士民感动。聚宝门外曹公祠之左,旧有碑一座,上刻"两江总督麻大老爷德政碑",予及见之,近年已为僧人砌墙失去。国初,总督犹称大老爷,今司道以上皆大人矣。又按:满洲人自顺治壬辰科始,准乡会试分满人、汉人为二榜,至康熙庚戌科以后,始同列一榜,皆试汉文。麻公乃顺治壬辰满状元也,见王渔洋《分甘余话》。

方公昂,字坳堂,山东济南人。乾隆间,官盐巡道,听断明敏,历年积案清厘殆尽,下情毕达,奉若神明。而爱才重士,乐育为怀,书院月课,亲为批阅,择其尤者二十人,另立课期,贫者馈送有差,并令各立功课册,月一呈验。胡心斋业师在其中。公独书其册曰:"此真实功课,非徒骛时名者。"尤器重之,每月值五、十,亲诣书院,率诸生讲书,谆谆勖勉,以期实学。后擢臬司去,士民攀泣于道,送至数十里外者万余人。南门外方正学先生祠,公为修葺,立有碑记。公殁后,有遗像藏于祠内,头戴风帽,身披红氅,立花下。王梦楼、姚姬传诸先生皆有题咏。乡人士慕公德泽,于祠之后堂,增设神腗[①],附诸各祠之列,春秋展挂祭奠,以垂久远。遗爱在人,不独平原之绣丝矣。

土俗称呼多近非理。如相公,贵称也,而加于优伶;先生,尊称也,而加于卜相;老妈,长称也,而使唤之妪当之;亲家,

① 原本为"腗",古用同"牌"。

亲称也，而守墓之人当之。至若以僧道为老爷，以龟子为大爷，拟不于伦，尤为可笑。

顾文庄有古迹俪语而地名未及，予幼时尝以配合成对。如：花市、草桥，油市、盐仓，十庙、三廊，高井、下关，岔路口、夹冈门，八府塘、七家湾，三里店、五间厅，九儿巷、百子亭，斗鸡闸、钓鱼台，金牛洞、石马冲，木屐巷、棉鞋营，琥珀巷、珍珠桥，红花地、紫竹林，如意里、吉祥街，金沙井、铁帑池，长乐渡、莫愁湖，竹竿里、柳叶街，黄泥巷、红土山，油坊巷、酱蓬营，四根杆、五块砖，五马渡、九龙桥，大夫第、御史廊，碑亭巷、门楼桥，武府横首、罗寺转湾，仓上大井、门东中营，程阁老巷、顾尚书坊，十庙九眼井、三铺两个桥。姑录之，以博一粲。

方望溪先生与兄百川、弟椒涂两先生合冢，正合古人族葬之义。袁随园先生奴仆婢妾，皆附葬于墓侧，谓生前服侍，魂魄相依，便于驱使，识趣旷达，亦自不侔。伍云卿中丞先世墓在七龙冈，正穴为少西公，崇祯间被旌高义，左右附葬者皆其子孙，缭以周垣。其下有石坊、石栏，栏以外有冢累累然，相传乃当时家丁也。观此则随园以前有行之者矣。

《江宁县志》载："鲁肃墓在上新河。"朱见虞《倦游集》云："上新河有古墓，土人掘地出碣。予往视之，乃鲁维肃墓，本前明武科解元，泮宫坊题名有其人。好事者展转附会，讹为吴鲁肃墓。"《太平寰宇记》："丹徒县有鲁肃墓。"则不在金陵明矣。作五古一首，辨之甚悉。见虞，讳浚，上元人，大兴籍，庠生，述之大令之从伯父也。沿讹袭谬，奚独凤台之阮步兵已哉！

刘云鹤文学光斗，幼负异质，数龄时嬉戏门外，失去七日而返。言有道士挈之行，其疾若飞，至钟山顶石洞中，啖以小饼，遂不饥，登高陟险，如履平地，然终不知道士为谁也。其妻恒夜梦侍立大士前，每月必数次，殆有夙根欤？后夫妇相继逝，亦无他异。

嘉庆间，有曹某卖卜于府前城隍庙，年七十余，须发皓然，两手指爪有长至尺余者，至短亦有七八寸，屈伸自如。予及见之。唐李昌谷长爪通眉，此亦其流亚欤？

沧洪和尚，江西人，乾隆间住持灵谷，戒行精严。时陈东甫方伯奉兹与之同乡，极重之，尝以诗社见招不赴，作二绝以谢云："十年尘梦悟华胥，曾夺骊龙颔下珠少时在俗，曾与嗣公子游学京师，酬唱甚众，今老矣，不须更落言诠也。一自入山皆雪意，更于何处觅红炉。""好风吹入白云间，有约来朝暂出山。不是在山云懒出，出山那及在山间。"其高尚正不可及。又于寺中见山堂绝句云："落叶打窗来，声振空林雨。山堂昼无人，塔铃自相语。"命意亦超，此诗可选入《金陵诗汇》。

南门外成仁庵僧人善蓄菊花，多异品，小盆短干，谓之宿钵。庵中有石刻《太上感应篇》隶书六方，康熙戊辰夏六月，谷口郑簠书，汪檀度勒石，后有萧冈汪梗跋，楷书数行，俱完整。石嵌壁间，在堂之左小室，庭中人罕见之。

汪观察恩其先世墓，在聚宝门外翠屏山下，金星开阳结穴。吴朗生文学观文呼为"渔翁撒网形"，有十数圹，其裔设立第一祭、第二祭等碑以别之，至今书香不替。

收藏印章为文人韵事。秦汉六朝铜印世所罕觏，而赝作居多。明人皆以石印。文、何[1]以后，名手叠出，笔法、刀法、章法各臻其妙，实足以振唐宋之衰，而追秦汉之盛，三百年来传者寥寥，片石只字皆当珍惜矣。顾世之好者，只爱佳石精纽，购之不惜重价，而于所谓笔法、刀法、章法，茫然弗讲，甚至前贤遗制，磨去净尽，俾俗手镵刻姓字，攘为己有，煮鹤焚琴，比比皆是。古人有知，能勿痛心？何主臣生平所作，半取劣石，且锻以火，欲文字之永传，深意存焉。主臣久居金陵，卒于报恩寺僧舍，而今传者独罕。予搜访数年，仅得十余枚。内一枚如汉玉，盖曾经火锻者，刻"笑花居士"四字，绝精。其余石不尽佳，纽不尽精，而笔法、刀法、章法，明眼人自共欣赏焉。

聚宝门外诸祠：曰二忠祠，祀宋丞相文公天祥、建康府判杨公邦乂。曰傅公祠，祀国朝总督清端公傅腊塔。曰曹公祠，祀国朝织造曹公寅。曰海公祠，祀明南京都御史海忠介公瑞。曰王公祠，祀明应天府尹王公爌。曰陈公祠，祀国朝河道总督陈恪勤公鹏年。曰方公祠，祀明文学博士方忠文公孝孺；国朝江南盐巡道方公昂，祀于后堂。曰景公祠，祀明御史大夫景忠壮公清。曰先贤祠，祀吴泰伯以下诸人。曰于公祠，祀国朝总督于清端公成龙；其右又有于公祠，祀国朝总督于襄勤公成龙。合而为十三祠，初有修理祭祀公费，存典生息，为蠹胥侵蚀，几至无征。道光间，因景公祠倾圮，伍孚尹封公光瑜重为清厘，禀诸官，归城内绅士径支，轮流承办，请江宁学官主祭，永以为常。予亦与焉。尝拟祝文十三道，载值祭簿内。

① "文"即文徵明之子文彭，"何"即何震，皆为明中期篆刻名家。

按《府志·祠祀》所载："汪公祠在梅冈下，祀明应天尹府汪宗伊；郑公祠，祀明兵部武选司郎中郑一麟，与汪公祠并；张庄节公祠在雨花台，祀明左都督张可大；南轩先生祠在天禧寺，即今报恩寺。"此又在十三祠外者，皆湮没不可考。先贤祠一联云："或安行，或利行，或勉行，其成则一；曰立德，曰立功，曰立言，不朽者三，"语最浑括。

明邢雉山太常一凤先世墓，在江邑南乡蒋笔山，去城六十里。墓侧有黎庄庙，堪舆家谓"三臯落脉、狮象水口"，为发祥之所。近墓有村，皆邢姓，旧有花园。祠宇大门外有刻楹帖云："江左人文第；山中太史家。"今已无存。数年前，其裔将冢旁隙地鬻与他人扦[1]葬，闻开土时，内有石钳，钳以内土极坚润，外则夹砂石。其旧棺犹如新。明徐善继《人子须知》云："图葬旧穴最伤天理。"而为子孙者，鬻祖宗以为利，尤其罪之魁矣！

甘村距始祖晋于湖侯墓未半里。嘉庆壬申九月，族人韶九葬母于其地，土中掘得铜壶一，瓦瓶、缶各一。瓦者无釉，为锄伤；壶无损，有盖，中贮清水湛然，体圜纯素，两兽啮环以为耳，以今尺衡之，通高一尺六分，深九寸一分，口径三寸四分，腹径七寸六分，容五斗七合，重六斤十两，惜无铭。《博古图》汉素圜壶与此合，旧置诸爨下。儿童戏插花柳，久而弗枯。其水以之疗目疾，当有奇验，惜出土时已倾尽。乡人何昧昧若是！家大人以他铜瓶易归，细加洗剔，青翠欲滴，有班纹若丹砂，真古物也。近时新出土者仅此而已。闻葬之前夕，梦若狮

① 疑为"插"字之误。

者跃其前，盖实物久而后出，必有征象。玉为雀，剑为龙，理固然欤。予曾作《汉壶歌》纪之。

朱思晦先生，康熙己丑传胪，庄恪公佳桢之高祖也，墓在西善桥吴家山嘴。其龙由牛首左帐分落马鞍山开帐，过峡星峰，磊落崟崎，穴结上聚，两旁砂抱，重重形如荷瓣，案山包裹，不见外阳，穴之前，陡落数丈，下有巨石相托，可谓天造地设。相传其先为海宁陈氏旧地，葬甫数年，顿伤数丁，迁葬他所。朱氏素延江西地师，见之，识为美穴，遂葬之。盖墓前陡泻，初年不利，故陈凶而朱吉也。墓碣方灵皋题。信其家发祥之所在矣。

庚寅辛卯间重修贡院，凡牌坊大字悉行更易，大门外“旁招俊乂[①]”、“登进贤良”两牌坊，场内“龙门”及“东文场”、“西文场”诸大字，皆程春海先生书，大门外“辟门吁俊”四篆字，则汪均之上舍金钺书也。

贡院号舍皆易新砖。予于旧砖之中得“建康府砖”凡六枚，皆正书。一反文，在侧面有“朱二”二字，盖陶者名；一阴文，在侧面。以宋三司布帛尺度之：径尺一寸一分，横五寸三分，厚二寸一分。其二阴文在侧面，为半段。按：建安十七年，孙权改秣陵为建业；晋元帝时，避愍帝讳改建康；宋高宗建炎三年为建康府。此诚南宋物也。一云“将仕郎余绪舍砖贰千伍百口”凡十二字；一云“侯忠并妻许氏女夫刘文衍舍砖一万口”凡十六字，皆正面阴文正书。按《宋职官志》，文散官

① 同“义”。

二十九，将仕郎从九居末。《元丰寄禄格》以阶易官，自开府仪同三司至将仕郎，为二十四阶，崇宁、大观、政和相继增损；绍兴以后，官阶亦将仕郎居末，盖军巡、判官、司法、司户、主簿、尉等官。其为宋砖无疑矣。其曰“舍”者，或当时檀施寺观之物耳。乾隆间，铁塔寺塔圮，多建康砖，文有“某某舍若干”者，为封崇寺僧购去砌墙，亦此类也。然予所得之砖，字多而完全，则驾乎铁塔寺之上矣。

胡愚溪先生本渊，文望久著，从学者众。然老困场屋，及嘉庆丙辰始中进士，年已七十余矣。用国子学正，不就而归。未达时，尝馆于同里某家。一日午炊迟，时已及申，饭犹不出，诸弟子咸悻悻然，有枵腹难忍之状，而先生独穆然安坐无改容。杨孝子铨游其门，亲见之，为予言。其平日之涵养可知矣。

元杨翮，字文举，上元人。父刚中，字志行。师事导江张𡏖。大德间，官翰林待制兼国史院编修，著《易通微》、《诗讲义》、《霜月斋集》，学者称“通微先生”。翮承家学，儒术渊邃，初为浙江行省掾，至正中官休宁主簿，历浙江儒学提举，迁太常博士。明太祖即位，设史局于天界寺，征为纂修，书成不授职，谪死。乃元季遗老。《府志》列于“儒林”，而《上元县志》载之“技艺”门，与徐子仁、姚秋涧同列，非特未考其时，抑亦未称其学也。著作散佚，今传者《佩玉斋类稿》十卷，皆官主簿以前所作。《四库全书提要》称其“意态波澜，不失先民矩矱”。朱述之大令从文澜阁借抄，阁本无碑、书、说、颂、赞、铭、墓志、祭文，继又得旧抄本以前足之，且第一卷为阁本，第九卷亦从旧抄本也，末《补遗》一卷，乃从《桧亭集》及刘仔肩《雅颂正音》中录出以成完本。述之又搜合翮事迹，为作传，并论叙其家世，极详。论中引《金陵新志》："元兵下建康，平章阿术占居明道书院，军士不戢。儒人古之学等，谒淮安王张宏范前，告给榜人，还复书院，由是设路学儒籍。宋末进士如包秀实、陈仲谋、吴季甲及故家董烈、房元龙、李玺、王良耜、赵崇回、杨公溥、戴俊卿、谢克明，子孙相继以科第、儒术、仕进显荣其家，而皆始于古之学之一言。今郡邑志皆不载其人。"云云，是有功于学校，久湮没不彰矣。他日修志，当据此补之。

阴宅得地之气以藏骸骨，阳宅得天之气以居生人。二者相辅而行，不可偏废。世之昧者，往往不信阴阳，轻举妄动，呼吸之间，祸端立见，良可伤也。邻人钱翁，门前旧有墙一道，忽拆[①]去，重建三楹，工未竣而翁死，逾年子亡，其年正犯三煞方也。评事街胡氏，刚愎自用，于岁破当山之年，大兴工，作厅事，后接一厦，横梁直穿，正对大门，俗呼为挺尸梁，又于苑墙上加砌一长垛，形如停棺，未几，官非讼累，家宅不安，主人竟暴病而卒，是皆可为炯鉴者。

卜世俨，字若思，上元人。康熙甲辰武进士，任贵州镇远卫守，御吴三桂之乱，从容殉节。死事闻，赠都司佥书，荫一子千户。康熙四十六年三月，圣祖仁皇帝南巡，特赐"尽节边疆"扁额旌之。子殁，无嗣，荫袭已断，仅有侄曾孙士恒承祀。御书扁额，本恭悬于牛首山下之家祠，年久祠圮，湮没无存。公为明隆庆进士卜履吉之裔。今郡庠生汝为，其同宗也，述其详如此。

---

① 原本为"折"。

卷 七

辛卯之夏，江潮泛溢为灾，老弱妇女栖止危堤，惨难殚述。好善者驾船赴南北圩、沙洲圩、栖霞圩各处，散糗粮、苇席、药饵者，日数十计。一片浩淼中，仅露屋脊，常有犬蹲其上，数日不食，骨瘦如柴，至死终不舍而之他。义哉犬也！抑可谓能共患难者已！

江南乡试改期，自道光辛卯始，因贡院积水，号舍淹灌，至公、衡鉴两堂皆深三四尺不等。时大府奏请，改九月八日武闱于次年三月举行。歙县程中丞祖洛监临，作一楹帖于至公堂云："矮屋策高文，九天升，九渊沈[①]，九转丹成，多士出身，在此九月九日；秋闱感春梦，三场竟，三艺竞，三条烛烬，一官回首，于今三十三年。"公歙人，嘉庆戊午乡魁，己未进士，戊午至辛卯正三十三年也。是年，上江两邑中式者七人，王迩庵佐才第八十二名。先是丁外艰，八月二十日始服阕录遗，若非改期，则不能入闱，盖有数存焉。庚子，又复大水，援例改期，又其次也。

晋惠帝永宁元年，齐王冏举义军。军中有小儿出于襄城繁昌县，年八岁，发体尽白，传为异事。今世人恒有如此者，不足为怪。吾乡一人方二十余岁，眉发皤然，举体皆白，独睛

① 古"沉"字。

赤，近之有膻气，呼为白毛。又有聂姓者，亦然。又有一皮匠，右手黑毛颖竖，皮粗而黑，直似刚鬣，岂前身豕耶？《述异记》云：“嘉兴卫军戴姓家有仆，腰间有猪皮，径数寸，毛肤宛然猪也。”是昔人有同然者。

辛卯大水。六月间，观音门河边泊一舟，忽有巨蛇入舱，长二丈余，盘旋宛转，舟小不能容，竖其尾于桅柱之上。舟人咸惊走。好事者以饭饲之，日尽数釜，昂首吐舌，绝不伤人，经旬始去。盖近江洲渚，素多大蛇，因巨浸泛滥，遂致此耳。

金陵俗，新岁以红柬书名，互相投递。多从门罅入者，谓之飞帖。尝有以之作灯谜者云：“春闺深闭，个中消息凭君递，只[①]期两下情投，不顾斯文扫地。”蕴借[②]风流，亦自可诵。

蟹有四眼者毒人，食之立死。一宦家买蟹甚巨，中有一团脐，为四眼，其妇煮而食之，洞泻而卒。又蟹性最忌生柿，朱瀛洲明经南宫偶与友会饮，持螯醉饱而归，渴甚，途遇卖柿者，买四枚，遂食其一，无何，腹绞痛如割，大泻不止，遂至不救。甚矣，口腹之害大也！

壬辰正月三日四更时，聚宝门外菜市口茶叶店回禄。是时，人俱熟睡，旁有幼丐露宿，兄弟二人，长者十二岁，幼仅八岁，圩民被涝者也，望见楼窗红光，知为火起，亟各执砖，沿门呼击。众惊起火，已出屋，幸扑救者多，仅烧一家，余俱无恙。其店五六人皆裸体逃出。一老翁须发已焦，否则身为灰烬

① 原本为“衹”，同“衹”。“衹”也作“只”，是“只”的繁体字，下同。

② 当为“藉”。

矣。众感其意,鸠钱酬之。

金陵藏书家,前明如焦澹园诸公,无一存者。乾隆间,严侍读长明、洪征士象言收藏颇富,近亦散佚无存。陶孝廉衡川先生湘,家居库司坊小园,老树饶有古趣,为阮大铖故宅,藏古书多宋元善本,子孙尚世守焉。家大人性嗜书,往来吴越间,遍搜善本,积至十余万卷,于宅之东筑津逮楼以藏之。丹徒张葆岩先生崟,为绘《吴越载书图》长卷,名流题咏殆遍,著有书目若干卷。阳城张古愚、泾县朱兰坡两先生各撰序。家大人四十年间勤加搜访,宝若珠玑,悉为传经而计,并亲定训约,至亲密友不得私自借出下楼,愿就读者听,违者以家法治,后之子孙可忘所自来耶!壬辰,楼落成,自题二律云:"吴山越水几遨游,四十年来费苦搜。插架非徒供秘玩,研经愿与企前修。香薰芸简频收拾,夜爇兰膏细校雠。从此老怀堪告慰,左图右史复何求。""层楼高处乐徜徉,珍比琳琅七宝装。积卷敢夸东壁富,披函好趁北窗凉楼北向。云烟供养邀清泽,金石摩挲发古香楼之下藏书画金石。为语儿孙勤世守,此中滋味最悠长。"家大人素不耽吟咏,偶一为之。张古愚先生谓其"不事雕饰,自得性真焉"。

自斗门桥北流至北乾道桥,东经笪桥、鸽子桥至内桥,与青溪合,北经鼎新、崇道,又西连武卫桥,至铁窗棂出城,古称栅寨门,为古运渎,凿于吴赤乌三年,乃自秦淮抵仓城之故道也,年久堙塞,堆积瓦砾,高如山阜,屡议疏浚,皆以需费浩大格不果行。嘉庆丁丑,盐巡道方公体请于制府,率绅士兴工疏浚,三月告竣。旧道尽复,舟楫通焉,仅费万余金,民咸称便。

然其地势较高，民居稠密，迄今二十余年，又复渐就淤塞。故近来城中屡遭水患，半因支河垫高，分泄处少使然。《金陵新志》载宋张孝祥之议："欲杜水患，以开浚栅寨门为先务。"诚为确论。有心地方者，若常加疏浚，则水有所分，出江捷近，不至停潴为患耳。

仪凤门外静海寺，明永乐间建，规模宏阔。础石大若车轮，润如苍玉。柱皆数围，或云沈香木为之，其实钟山楠木耳。乾隆间，住持浩清重为修整，创造石戒台，苾刍来归者日众，为金陵律门之冠。道光壬辰二月二十二日卯时，不戒于火，悉成灰烬，仅留山门、天王殿而已。当是时，赴救水龙铜管多裂，水不能出。殿旁大银杏一株，烈焰腾腾，自树腹吐出，以助其猛，盖数为之也。先三日，主僧方海坐丈室，阒寂无人，忽闻有跌足者三。是日，六合长芦寺朝课甫毕，钟鼓自鸣，正静海被灾之时。静海、长芦皆浩清和尚拄锡之所，彼此一家。山崩钟应，感召之理，亶其然乎。

壬辰三月，大儿种鼻痘，见点三日。医云热重，令以生梨汁灌之，因而洞泻不止。所出之痘色忽变白，虽有颗粒而顶俱平陷，几见败象。予谓医曰："此非气不足乎？"亟检《聂新吾活幼心法》与之参酌，医勉从之，乃用参归鹿茸汤服，未半剂，色已转红。次日，倍用之，顶起浆浓，竟保无恙。若少迟延，其变将不可问矣。此乃予亲历其境，心诚求之者。景岳云："治痘不宜迟，痘之不同，无过寒、热、虚、实四证，大都虚则寒，实则热，虚宜温补，实宜清解，而其挽回之力，当于三五日前施之，过此则恐无及。"旨哉斯言！

六合吴某售香腊为业，开铺于金陵之石板桥，负邻人武弁钱千余缗未偿，而弁死，吴竟吞之。无何，生一孙，强有力。吴钟爱之，恣其所欲为，及十二岁殇于痘，临终呼吴，谓之曰："而识我乎，我非而孙也！"复高声大唱曰："头插雉鸡毛，身穿大红袍。若问名和姓，家住石板桥。"乃知为武弁后身也。

大荒之后必有大疫，而道光壬辰为最甚。自三月起，疫气流行，互相传染，死亡甚众。其症大略相同，发热、内烧、谵语、发狂、发斑、发黄。治以达原饮，人参败毒散、小柴胡汤、蒌贝养荣汤、承气汤等剂，有验，有不验。或谓吴氏达原饮宜用诸大旱之后，若水灾非凉药不可，迄无定论。然贫窭之家，有病至半月，不药自愈者；有发狂大渴，吃冷水数瓯而得汗解者；有死去通身皆冷，心口独热，迟一二日复苏者。此理殊不可解。数月中，业医者，其门如市，而医士以此症死者十余人。五月朔旦，各家门口挂红插柳枝，谓之送瘟神，比户皆然。至立秋，患乃息。诚有生以来，仅见之大灾也。

大疫流行，必有鬼神司之。陈文学鹤年，馆于竹竿里程氏家，有从学黄克昌者，居羊市桥，晚归，见一人执木牌，似隶卒逮人状，尾其后，回顾倏不见，心甚惊疑，归而不怿，三更忽暴卒，及旦复苏，言随其人至冥府。冥王坐堂，皇罗跪阶下者数百人，唱及黄名。王曰："误矣。"怒而责其人，命黄起立案侧。案上册籍罗列。王曰："兹公事繁冗，汝颇能书，可暂代誊录。"黄检之，乃瘟死册也，上载应死者姓氏、里居甚详，写毕，王勉谕行善，释之归。手腕犹酸痛数日。册中有熟识者数人，秘不敢言，后果皆疫死。此壬辰五月事也。

南闱人数至多，唱名时辨理不善，遂至先后失次，拥挤喧闹。嘉庆癸酉为甚，至初九日辰时，始封门。是年，予入泮，初应乡试，露处达旦，困惫极矣。水池在大门内之右，溺毙数人，丙子始改凿于东龙腮。道光辛卯，拥挤复然，头场至四更，点名始毕。次年壬辰，林中丞少穆先生监临，明定章程，视各属人数多寡以定时刻，分三门鱼贯而入。未及时者，不得先期拥挤。刊刻清单，买卷时各给一纸，俾各遵行。自是，按部就班，未及日晡，即已竣事。数科以来，皆踵而行之。为政在人，人存政举，信然！

闽吴某，居上新河，本宦家子，幼失怙恃，家道中落，贫无以自存。母素有一婢极贤淑，以主家沦丧，藐然一孤，誓志不他适，独肩抚育之任，赁敝屋数椽，衣食之资，惟十指是赖。吴以老姐姐称之。六龄，令就外傅读，夜则篝灯自课，茕茕相依，处屡空之境，晏如也。逮吴成立，性喜绘画，苦无力从师，每过装潢所，见壁上丹青，辄心领神会，流连忘返，归而摹写之，人物、山水，各擅其长，遂卖画以自给。囊有余钱，市肉归，以半供老姐姐。老姐姐必留以供吴飧。问其故，婉辞曰："予不惯食肉，汝劳心学画，食之当更益精神，视予食尤乐也。"婺源胡上舍日照，与吴居密迩，数相过从，仰其节谊，恒厚助之。道光辛卯，老姐姐卒，年仅五十耳。吁！安乐与共，而患难辄视若秦越，须眉丈夫比比然也，乃一臧获之流，既葆其真，复完其义，以视寻常之贞节，事弥奇，心弥苦矣。特识之以俟表章者。

冶城山脉，自神策门穿城，起鼓楼冈逶迤而来，两边界水，东入秦淮，西达大江，径路分别。故昔人开河，至小仓山而止，名曰干河沿，断无凿山断脉而过者。观此则后湖之水乃随龙养荫之源，由北水关入城，经秦淮出西关，以达诸江，此自然之性也。癸巳疏河，通北门桥，以利舟楫，当干河沿水尽处建一小亭，家大人取张二水书“见山”亭二字额之，其旁有不二庵。庵外有池，产白莲，乃龚半千故宅也。

张景堂大令介茀，幼丧父，葬于仙鹤观之阴二十余年矣。及母卒，有术士为另买一地，将迁其父棺与母合葬。谋之于家大人，力阻之，不听，并启其父棺，易冠服，尸犹未坏，面目如生。既而以新地不吉，又欲迁而未决，祈祷于杭之于少保庙，梦其父戚戚有忧容，手出银二锭示之，一新镕低银，一宿槽高银，遂复葬旧穴。盖意以为银者茔也，旧是而新非也。然未数年，景堂卒于湖南，家遂中落，则旧茔亦非佳壤矣。南门外四十里谷里村周氏，初葬亲于蒋笔山侧，历有年所，后兄弟五人遽陨，其二家宅不安。有识者谓其墓不吉，令迁诸祖茔遗穴，始无恙。闻启冢时，水蚁交侵，母棺已朽烂，父棺为杉板，尚完全。然则，同一改葬而吉凶顿殊，要必有定识以决别于其间，慎勿轻举妄动，信庸师以贾祸也。家大人云：“地书谓纯阴不化之地，年久尸不化，名曰养尸，主凶，盖阴阳冲和，始有结作纯阴之所，尸纵历久不化，亦安得遂谓之吉壤哉？”

钟山告天文石刻，乃前明朝天宫道士刘渊然于钟山朱湖洞天告行，为追荐、设醮、祈茀之文，埋石山顶凡二通：一书洪武三十五年，一书永乐四年。乾隆四十二年为樵者掘得报官，饬送朝天宫收藏。其词云：“奉大明皇帝圣旨。伏为皇考太祖高皇帝妣孝慈皇后登遐日远，痛怀丧葬之未亲，崩失年深，益感劬劳之未报。手足且伤于前后，情怀有恸于死生。骨肉相残，几致屏翰之倾替；腹心构讼，幸兹家国之安全。"云云。其洪武三十五年即建文四年壬午之岁，此革除年月之证。道光癸巳，重修朝天宫，陶文毅公有跋刻诸石上，付道士藏之。观其文词，知文皇当日亦深有负疚于心矣。

自嘉庆初年迄今，十数科中，兄弟同榜者凡四：戊午科，侯云锦、云松；己卯会试，陈维垣、维屏；戊子科，刘恒春，富春；甲午科，伍承平、承吉；若丁卯科陶焕悦、济慎，乃一北闱，一本省也。叔侄同登，惟庚午科端木焯、端木坦而已。

甲午正月，祈签于关帝庙问科名。签云："官事悠悠难辨明，不如息了且归耕。"上有"王祥卧冰"四字，不解所谓。及三月而先严弃养，盖王祥孝子也，将有孝服之先兆也。

鹫峰住持如莲示寂，其师脱凡，已退院数载，至是复出，急求接席之人。丹徒僧一真者，常居竹林，依恒赞和尚有年矣。脱凡素稔之，将属意焉，而未决。举一"壬"字，请予测之。予曰："彼名'一真'，'壬'字乃千中选一，舍彼其谁？且'壬'旁加人为'任'，其人足以胜任矣。"脱凡复书三"可"三"否"字在佛前默祷，三拈之，皆曰"可"。遂星夜往请授法，而为寺主。诸山咸谓得人。

王载之德苇，上元诸生，善小篆。孙伯渊先生极赏之，晚年多病，有求书者，辄令王代，人莫之辨也。乃年未五旬，甲午夏，因事渡江，舟覆溺死，三日始得其尸。王丰于貌，气度伟岸，而独罹水厄，论者惋之。

甲午首题《执圭》一节。先是有扶鸾叩题者，得句云："欲要知闱题，须问唐伯虎。"其时，茫然莫解。后来，悟唐伯虎者，字六如也。

贡院创于明永乐间，乃籍没锦衣卫同知纪纲宅，又取怀来卫指挥陈彬家人陈通、忠勇伯家人侯清房宇。明德堂有《应天府尹王弼碑记》可据。纪纲事详《明史·佞臣传》及王凤洲《锦衣卫志》、陆粲《庚巳编》。而新修《府志》以纲为元集庆路行省丞相，与御史大夫苐寿偕死，葬于明远楼下，灵爽赫濯，为贡院土神。非特时代讹舛，抑且忠佞倒置，盖沿《金陵闻见录》之误，而不考碑记使然也。朱述之绪曾作七古辨之云："临邑驵侩有纪纲，匍匐叩马干燕王。虺心虿尾遂得志，侧[1]身佞幸残忠良。锦衣亲兵擢显贵，挡秘诡智多包藏。厥罪贯盈磔三族，秽流清史名难忘。弇州山人撰《四部》，爰书特笔罗其详。交阯黄金官舶米，四百余万侵盐场。金装八宝没吴晋，珊瑚犀毗红铺床。大豪结连沈文度，吴市声伎充后房。铁镤怒掷薛禄首，婕妤私取尤猖狂。射柳不中竞鼓噪，气慑台谏神飞扬。龙服王冠高坐宴，优童万岁呼奉觞。生前赵高欲构逆，死后伯有能为殃。残魂传闻恋故宅，万马腾踏声有光。陈通侯清屋毗近，贡院广拓秦淮旁。府尹王弼撰碑记，始末备载何煌煌。迩来志乘不稽古，讹为丞相殉戎行。御史行台最忠烈，肯与此辈相颉颃。《元史》无征《明史》著，况复碑文俨在堂。忠佞倒置非细事，乌可清浊淆沧浪。我诗可当诛佞檄，春秋大义

① 当为"厕"。

微而彰。文治昌明厉鬼绝，元精耿耿悬斗筐。”释疑订谬，洵有关名教之作。钱塘陈退庵先生文述，刻有《秣陵集》八卷，皆题咏古迹，诗词瑰丽。然其中事实讹误，考正颇疏，如谓吴鲁肃墓在上新河，乃沿王葑亭《金陵图咏》之误；以覆舟山为太平门外，仓山乌龙潭为颜鲁公放生池，杏花村在城南信府河，乃沿吕太守新修《府志》之误；东南佳丽楼，今江宁县治，而谓在内桥西街；汉府在西华门外，而谓在今驻防城；神乐观在正阳门外，而谓在驻防城内；南冈在城东南周处台下，而谓为城西南花盝冈；明武宗幸徐霖宅，尝钓鱼，失足湿龙衣，有浴龙池，在油坊巷，而以东水关钓鱼巷当之；史墩在冶城西北小仓山侧，为史痴翁故里，而以史阁部当之，皆未得其实。可见古迹一门，土著人非经考订，犹失其真，况异乡人乎？甚矣！修志乘者之宜慎选也！

本郡乡试以乙未恩科为最盛。江浦发解上元十二人，江宁五人，六合二人，高淳一人，共二十一人，十八魁居其七，驻防旗生三人，亦皆江宁，北榜又有二人。国朝开科以来，未有若斯之极盛者。是年十月，恭值皇太后六旬圣节，绅士建彩棚胪祝，有联云：“蕊榜沐隆恩，霞蔚云蒸，庆二十三人之聚会；璇宫集景茀，天长地久，合万六千岁为春秋。”

钟山龙泉庵径下，有宋人正书题名云：“淳熙己酉赵希坚、李谓道同游。”又左侧行书云：“饮八功德水，晚至定林乃还。”又有正书大字径尺许，云：“洗兵马及忠执。”字可识，余为石脉横生，苔藓斑剥，不能尽读。严氏《金石记》未载。朱述之绪曾始寻得之，有七古。予采入《金石题咏汇编》。

古砖一字之微，皆资考微[1]。六朝隋唐不多见，宋元物往往出焉。予乙未之夏，于普德寺壁间得元砖一枚。阳文四字曰“无锡州造”，完整如新，即今无锡县，元时为州，比陈雪峰所藏阴文一砖则稍广耳。又于木牛亭移忠观内，得砖四枚。其二曰“大宋绍兴二十五年四月八日窑户练通造”，楷书十七字甚是工整；其二曰“章二造”，余字俱同。观内旧有砖塔。其文曰“四月八日”者，盖造塔之用取佛诞之日，砖埴以明虔耳。

刘猛将军庙在聚宝门外梅冈，雍正间建。按《识小录》云：“神刘锐，宋将刘锜弟，殁而为神，驱蝗江淮间，有功。又传神为渔家子，居吴县之洞庭山，童年入道，屡著灵佑，将军其封号也。今洞庭会馆塑像祀之，白面无须，头系彩帛，群儿戏弄，谓博神欢，并闻其乡人云：‘正月十三日，必以肩舆舁神四山跳舞，虽神像倾倒，不以为慢，而转可护庇也。’”吴人好鬼不亦傎乎！

秦易堂先生有养女二，本宦家子，遭家不造，几至失所。先生闻而伤之，遂抚为己女，养之成人，为之择婿。一字六合姜君士冠，嘉庆庚午顺天举人，今官浙江龙游县知县；一字江夏陈公銮为继室，嘉庆庚辰探花，今官江苏巡抚。许字时皆未达也。先生之盛德巨眼，至今犹传为美谈。

钞库街南鹫峰寺，明天顺间宦官进保创建，自释达宗住锡，寺乃中兴。毘卢阁上下五楹，为达宗所建，正殿年久就圮。道光乙未，静斋叔父暨道库大使冯君耀先，捐资重建，于

① 疑为“徵”之误，“徵”简化为“征”。

殿前台基缭以石栏，工极坚固。太仆蔡友石先生撰记，学使祁春浦先生书碑。寺占东园之胜，为城中游览名区。然有不可不辨者。《梵刹志》称为“青溪地”，齐为东府城，梁为江总宅，宋淳熙间待制史正志移颜鲁公放生池于清溪之曲，建阁其上，即其故址。皆未之深考也。《建康志》：“清溪发源钟山，入秦淮逶迤九曲。”今故道多湮，所可识者，浮桥东有青溪里，是青溪南流处也；大中桥有九曲坊，是青溪南流尽处也；坊南有淮清桥，是青溪与秦淮合流处也，其水皆在秦淮之北，今鹫峰在秦淮南，盈盈中隔，安得谓“青溪地”乎？东府城为梁孝文王道子府。道子领扬州，仍居先舍，故曰东府，其城西隔青溪。齐萧遥光于东府反，时台军曹虎屯青溪大桥，拒之。齐高祖在东府，亦有“以青溪为鸿沟”之语。然则东府在秦淮之北、青溪之东，相传为驻防城小门右地，与鹫峰何涉哉？《建康志》：“江总宅在青溪大桥北湘宫寺旁，宋为段约之宅，有亭曰‘割青’。乾道五年，移放生池于青溪之曲，即割青故基建阁。”《上元县志》指“其地当在洞神宫”。按，元李孝光《洞神宫记》：“景定间，制使姚希得作蜀大神庙于青溪侧，北为青溪之堂。”未闻有阁，似难遽定。宋张椿《青溪阁记》已明言“在府治东北青溪上。”马光祖诗云：“人道青溪有九曲，如今一曲仅能存。江家宅畔成花圃，东府门前作菜园。”其时景定，去乾道未及百年，乃目击而言之，则阁之故址应在青溪东北，今旧王府即宋府治，其东北致和街、八府塘一带，差与东府城为近，若以洞神宫当之，是其地在青溪之南，未可遽断也。

世传铜造象颇多，而石造象不数见。乙未仲夏，耆壬伯兄于旧内古董铺中得石造象一函，高约四寸许，广如之，上稍狭，面作佛，趺坐形，大小各一，左右侍者形各一，下列兽形三石，似乌金，黝而有光，背刻“梁太清丁卯改元善男子朱异敬造获福”隶书十六字。按：太清元年，当梁武帝在位之四十六年。《梁书·本纪》：是年三月，帝幸同泰寺，设无遮大会，舍身。公卿等以钱亿万奉赎，四月还宫，大赦，改元。异是时迁左卫将军，领步兵，此盖希意旨[①]而为之也。然甫逾二载，台城坐困，异亦忧懑以终，茀未获而祸及之，不亦傎乎？

乙未冬十月，陈雪峰过小南冈，于村农壁间见残砖，辨其字乃“太康四年”也，喜而欲得之。农妇大愠，遽持刀刮字。雪峰亟止之，幸未全毁。月余，予过其地。村农以是砖指示，文尚隐约可读。自古君子负盛名招谤毁，此砖亦复尔尔，可慨已！

丙申正月，予过淳化镇，与张翁化雨游朝真观。守观道士款接甚殷，向予称述，观始于南宋，时有罗真人者，为开山之祖。罗本农家子，年六龄，喑不能言，其父母遂舍之出家，受异传，自入深潭中得宝剑，能书符号召鬼神。偶夜中，习书符箓，焚之，天神遽罗列其侧问何召。戏之曰：“山前所种松，若等能拔而倒置否？”言毕，风雨暴作。诘旦，山前之松皆倒植矣，至今观前犹存二株，其根向上，俗呼之为倒栽松，乃当年灵迹也。会天旱，有外来妖人，众惑之，请祈雨。设坛三日，阴云四布，辄被风吹散，卒无验，乃罗怒其以邪害正，阴于观中作法破之也。妖人知之，宵遁。自是，群惊以为神，祷雨应，后

① 当为“旨意”。

于门外卖符，久而绝无问之者。一日，有二童子至，见其符不言，揭之而去。罗亟追之，其行如飞。罗与童子皆不知所之。宋时崇尚道教，代有传人，言之凿凿。如此必有所本，特未知载于何书，尚待参考，以证所闻也。

扬子江风涛不测，舟楫往来，常遭覆溺之患。嘉庆初，里人叶钊培，于江口捐屋数间，创救生会，因费绌中止。先大夫尝曰："救千人者，子孙必昌。"乃于甲戌春，捐金为之倡。暨同里龚君鉴、杨君铨、费君士嵩，于下关草鞋夹起造迎江楼，设红船救生、瘗旅，酌定章程，禀官行之。复于城内长乐渡设生生堂总局，以董其成，遴公正殷实绅董轮流值理，每岁刊刻清册，历历可稽，自是四方善士，踵而行之，设分局不一而足，二十余年来行有成效，全活不可枚举。乃辛卯癸巳，迭遭大水，江滩倒卸，旧局倾颓，权赁大王庙为栖止之所，终以湫隘为憾。继构[①]得水府祠旁隙地，丙申春遂捐资重建焉。胡心斋先生撰记勒碑。祺仁兄有联云："旧迹半苍茫，看鹭洲春月，狮岭秋云，廿年前杖履追随，回首不堪悲逝水；新基重结构，听佛寺晨钟，神祠暮鼓，千里外帆樯来去，同心愿与祝安澜。"

太平门外下花林，田畴之间，地脉隆隆，隐隐突起，土阜大可数亩，面迎来水，其形如龟，俗呼为龟山，头尾四足毕具，其尾系石骨天成，弯环逆水，尤为奇绝，以地书喝形法证之，无有如此神似者。近有土人丁氏葬父于其巅，其家顿起，此盖水口成形小结作也。

① 疑为"购"字误。

凤游寺在凤凰台南，本为瓦官寺，晋哀帝兴宁二年诏移陶官于淮之北，遂以其地建寺。梁时建瓦官阁，南唐改寺曰昇元，寺阁曰元阁，宋为崇胜戒坛寺，前瞰大江，后倚崇冈，登眺最胜。李白《横江词》云"雪浪高于瓦官阁"是也。《客座赘语》："瓦官寺在淮水南，小长干在瓦官寺南，西出大江，其后洲渚渐生，江去长干远。杨吴筑城围淮水于内，瓦官遂在城内。"明初寺废，半为魏公园，半入骁骑仓。万历十九年，僧圆梓募魏公及诸檀信，尽赎其地，复创刹寺，本名丛桂庵，焦太史竑更名凤游。凤游之南，又有瓦官寺，乃嘉靖时积庆庵改建，非瓦官故址。其时，因诏毁私庵，积庆僧妄以瓦官名之得免，见《焦氏笔乘》。故《梵刹志》谓："瓦官有二，山上为上瓦官，平地为下瓦官。"而易名凤游独未叙入，则其略也。

县学青云楼，明万历十四年摄尹事周继建；雍正十二年，教谕章玉树重修。上祀文昌帝君，朔望始开，平时扃闭。后为训导假借，楼上下皆为栖宿之所，非直学宫重地，火患堪虞，且邻近贡院，登高瞭望更属未便。道光十六年，洒扫会绅士将学廨添造屋宇数楹，较前宽展，另开署门以通出入。而楼遂隔而为二，诚两得之举也。

检校廨在府城隍庙之右。其地旧为府狱，隙地甚宽。道光间，照磨缺裁，遂移于照磨署内，而归旧署于城隍庙，以为公所。

下江考棚之左长生庵，本为三学设历案宗师长生禄位之所，继奉禁撤去，遂为僧庵。至今考棚内，犹有去思碑数通。上江考棚乃为皖省录遗而设，道光丁酉，安徽绅士捐资重建，号舍东边较昔宽阔，而西边限于邻墙，究嫌狭隘。提调公馆旧在朝天宫，相去太远，亦于是年构棚南一带民舍为之。

县学魁星阁，建自乾隆乙未。是后，科甲日盛，形家所谓巽方文峰特秀也。闻屋椽、窗闼初用朱色，因附近民居屡遭火患，遂易以黑；其顶原取自宝塔仓风磨铜，督工者不慎，为奸人易去，风雨剥蚀，其光黯然。道光丁亥，易之以宝蓝琉璃，下狭上广，形如朝顶。其座数层，凑合而成，通高一丈有奇，乃何雨人尚书汝霖监督工部琉璃厂时，捐造于京师者。晴昼仰视，晶光射目，洵巨观也。奈近来屡被水患，阁身向河边欹侧，磁顶本凹，又为积水冻裂，其势甚危。丁酉六月诹吉重修，将阁身耸过六尺有余，末层五方墙通身拆砌，浇以糯浆；顶之裂缝，用油灰补平，庶免渗漏。于阁旁沿河处添造廊屋，为朔望洒扫会憩息之所。外门一道，平时扃闭，以免滋扰。时予董其役焉。

府署前关帝庙签极灵验。乙酉七月朔，予曾以乡试中否往祷，得签云："曩时败北且图南，筋力虽衰尚一堪。欲问君身前大数，前三三与后三三。"是科荐而不售，殊觉茫然，乃迟至丁酉科始中式。头场次题"礼仪三百"二句，《礼记》题是"以三五而盈，三五而阙"，方悟前后三三之语，早示于十二载以前矣。是年腊月，将计偕北上，复虔祷焉。签云："君家兄弟好名声，只管㧑谦莫自矜，丹诏槐黄相逼近，巍巍科甲两同登。"语固上吉，而非兄弟偕应礼闱，正不可解。及戊戌会榜发，与表弟叶赓廷声扬同登，并同出十一房泾阳张小圃先生门，乃晤签诗首句，正指中表兄弟名声者也，神明乌可测哉！又，壬午三月，予侍先大夫游西湖，诣于忠肃公庙，求签问科名。签句云：“四十功名未觉迟，劝君何必早忧思。六十八岁焦学士，看来还胜少年时。”时丁酉中式，正四十。是科分迟早，自有前定也，特未知下二句果何谓耳。

丁酉九月十三日，南闱揭晓。是日，与陈子谷、陈宗之两友晤谈，盼信各殷。子谷偶以“奉”字令予测，以卜得失。予应声曰：“三人中其有举人之尾乎？”榜发，予果列榜尾。

昔伍孚尹先生尝采访里中士族孀妇、贞女，其翁、其夫、其父、其兄弟曾列胶庠，及发科出仕者，实系贫寒无依，分别极等、次等汇为一册，详注里居、姓氏、年岁、有无子女，自行捐资，每节量为佽助，必命子弟亲往送之，以杜侵冒，已行之有年所矣。先生殁后，事遂中止。静斋叔父求得其旧册而踵行之，按户送钱，已积至一百数十名之多，已故者复赠丧葬之费，晚年自署别号曰愿贤老人。程鱼门学士，卒无子。其孙媳流寓金陵，贫病而死，为之具棺殓葬，此尤人所难及者。贾孝廉星垣，中道而殂，老母、孀妇一室茕茕，厚恤之，每节送钱至其家，两代孀嫠，辄为感泣数行下，并合掌称佛号不辍云。

侯青甫先生云松，嘉庆戊午举人，官歙县教谕，晚年致仕，归里主讲凤池书院。书法苍润，有东坡遗意，并工丹青，所作花卉树石，气韵生动，纸上欲湿。人得其一缣，珍如拱璧。性淡泊，善养，年逾八十，童颜鹤发，若神仙中人。梅伯言农部曾亮，先生甥也，或谓其眼光藏，耳轮大，貌癯，神永，主得文名而享高寿，外甥多似舅，殆不诬欤！

祀乡贤者前明最多，共有六十余人。国朝二百年来，惟十余人而已。自胡兰川先生入祀后，诸后裔于祠之右建屋三楹，颜曰“思敬堂”，为春秋致祭时饮胙之所。其踵兰川先生入祀者有三：董文恪公教增、叶中丞世倬、端木主簿心寅，此后无闻焉。昔秦涧泉殿撰，以长子芝轩大司寇为一品大员，格于例而未果，请祀次子易堂学士曾充上书房师傅，生平学行，足为一乡之望。乡贤崇祀，夫复何惭，惜至今无有议及者，亦属缺典。又方伯川先生、方葆岩宫保，虽籍归桐城，而生前皆曾入上元学，且家居是邦，文章功业彪炳古今，则更乡贤中所当崇祀者也。

古人针灸之法，较药饵奏效更速，后世罕得其传。上元东乡石君印心善此术，疗治妇女病尤神。内子自幼患呕吐病，每月必作，百治罔效，年十六来归，半产者数矣。庚寅五月，从杜桂村陶君敦请石至家治之。先诊脉曰：“此冲脉不能归经耳。”令饱餐卧竹榻上，著单衣，隔衣以指量度，凡胸前、乳胁、少腹等处，按其部位以墨识于衣，怀中出竹筒，筒藏数十针，长约四寸许，上广下锐，晶莹有光。其针是铁是银，问之弗答，初下针时，肤觉微痛，若被蚁啮者；少顷，以两指旋转，渐渐深入，如是者十余针而止，饮食如常，仅令避风三日而已。自是，数十年痼疾，一旦顿瘳，不复举发。乙未，大女生，戊戌又举一男。从女弟适吴，有症瘕疾，出嫁十余年未尝得孕，石亦治之，疾愈而生男，今已五龄矣。此真业擅专门，确有奇效者也。据云其术得自异僧，誓以救济为心，绝不受人馈遗，有求学者，辄坚却之，盖惧传非其人，将借以要利耳。则术也而进于道，其人愈不可及焉。

表弟叶赓廷，幼聪颖，六龄能属对。先大夫以其貌似亡弟虎儿，酷爱之。家贫，攻苦读书至漏数下。以是，耳有疾竟致不聪，为文苦思，尝呕血几殆。性耿介自持，耻入流俗，不泛与人交，年十七入泮。道光壬辰，领乡荐，三上春明，报罢而志弥笃，学弥精。戊戌偕予北上，朝夕切劘，谊若同胞，是科同登春榜，赓廷改庶常。秋七月，予闻先继慈抱恙先归，而赓廷忽于八月二十日卒于雄县旅店，其悲惨之情，真不堪追忆也。著有《汲古轩文稿》，予为刻之，并附挽诗四律以代序言："头角峥嵘幼稚初，过庭赏识赋闲居。起家儒素推韦述，相宅清才望魏舒。文境不缘贫境累，俗情翻诮古情疏。回思大被偕温日，滴露研朱夜校书乙未秋，予辑《金陵文汇》，君为校对数月。""轮蹄四度上春明，行李萧然共远程丁酉岁暮，与君偕行。千里关河谈往迹，一床风雨对寒更同住会馆。手皮皲裂书难辍君抵都时，面皮及两手俱冻裂，犹学书不辍，心血呕残句未成。半载京华同小住，不堪回首泪纵横。""衣钵因缘本夙期，居然同气又连枝予与君同出泾阳张小圃先生门。凤池独步夸君少，雁塔题名愧我迟。宰相怜才文有价馆课大教习汤敦圃师相拔置第一，得殿差，书生无命数何奇。伤心临别一尊酒，竟是人间永诀时予归时，君置酒饯别，依依不舍。""惊绝凶音到故关，疑真疑假太心酸。七旬老母悲扶杖，几辈良朋惨盖棺同年吴荔裳、祁幼章两庶常暨何莲舫孝廉偕行，身后事悉赖经理。心恋家园秋寂寞，魂羁野庙月荒寒柩暂停古庙中。作文地下应含笑，著作名山永不刊所作《汲古轩制艺》，予为刊之。"

建昌寺在江宁南乡，出聚宝门九十里，距小丹阳三里。其地有油坊桥，亦名甘府桥。寺始于宋，本名建昌院，见《乾道志》。距寺里许，有纪家山，予十一世祖正三公墓在焉。先大夫尝曰："山势庞厚，枝脚蕃衍，远祖诸茔，以此为最。"公讳永昌，字世隆，明宏治间，官山东滨州州判，有惠政，晚年致仕，士民攀泣不舍，卒葬于此，与妣沈安人合墓。墓旁附葬者累累，皆公以下子孙也。道光戊戌重修立碑，永禁侵葬。公生四子，长讳瓛，次讳瓒，次讳瑭，次讳璐。瓒公迁居贾村，今子姓虽贫落，而人丁尚茂。予则瑭公之后也，惟瓛公、璐公两支中断失考。

县学邻近贡院。每乡试时，吏胥假名宦、忠义诸祠为科场，差局溷杂，不堪言状。嘉庆二年，绅士禀官示禁，立碑学宫二门内，以垂久远；今则不在诸祠，而在明德堂之左斋房。道光十八年，洒扫会重加修葺，并将右斋房清出，分悬"志道"、"据德"、"依仁"、"游艺"四额，以存肄业古制，而此后办差之扰，亦当一体禁革为宜也。

《白下余谈》云："仓圣祠是张允升先生建议，以为开天文字之祖，告募五十余年，拟创一祠而未果，不知何年祀于傅公之祠，而易其额。"然今仓圣庙在傅公祠之左，分两大门出入，彼此各别。傅公祠自在也。岂创始之初，或以傅公祠为之，因刘君一言，遂判而为二耶？庙内有扁额四，大篆字曰"始制文字"，胡兰川先生书。

燕子矶水神，相传为裘文达公曰修。其家人尝过之，拜祝祠下云："若果在兹，愿乞顺风。"顷，东风果作，挂帆而去。顾晴沙诗云："炉香烛影晓犹红，稽首陈情语未终。试看灵旗微飏处，春江已借一帆风。"见王兰泉司寇《湖海诗传》。

耆壬伯兄，昔乙酉年冬，摄宝应教谕事，于县之城北宁国寺瓦砾中,得残砖三十六枚,皆南宋物也。装潢长卷,并绘《三十六砖归装图》,作五古纪之,一时名流题咏甚夥。既而司铎太平,图卷为训导曹君鸣銮携之归歙,遽毁于火,洵一大憾事。兄复以拓本装册,从善绘者补图以征诗。数载以来,又复琳琅满纸矣。其三十六砖中,文字古雅、精神完具者有十四砖焉。一"提点将官张"五字。"提点将官"当都统司下部曲。同里陈雪峰文学亦有此砖,惟字较模糊耳。此砖质较厚,字法苍浑,犹不失苏、黄遗意,兄已琢之为砚矣。一"杨州"二字。《尔雅》:"江南曰杨州。"李氏《资暇录》云:"地生白杨,故名。"自唐《石经》从"扌"作"扬"后,不复知作"杨"矣。汉晋"丹杨郡"作"杨",以地多赤杨。晋人《瘗鹤铭》尚作"丹杨"可证。此砖作"杨",见古迹之遗,弥可宝也。一"涟水"二字。涟水即今安东县,初名襄贲,随更名涟水,宋太平兴国三年,以县置涟水军。一"淮安州"三字。宋初曰楚州,绍定初改淮安军,端平初改州。此砖盖端平间物也。一"淮安州新城"五字。宋端平元年改淮安军为州,《元史·地理志》:"淮安路领山阳、盐城、淮安、淮阴、新城、清河、桃源。"此砖题"淮安州新城",则新城固不始于元矣。一"平江府"三字。平江即今苏州,宋政和三年升府。一"镇江都统司"五字。乾道末,各州有都统司领兵,见《宋史·兵志》。一"宝应军"三字。《南畿志》:"宝应县,宋宝庆升为州,后又为军,元初为宝应军路。"一"敢勇军"三字。"敢"字微阙。元祐七年,诏河南、陕西路诸帅府,募"敢勇",以百人为额。宣和四年,诏越州招到"敢勇"三百人,拨到两浙提刑司捉杀差使,盖当时募练之名也。一"招信军造"四字。

招信军，今盱眙县，宋建炎三年升军。一“泰州”二字。南唐昇元初置州，至宋因之。一“副司右军”四字。建炎后，诸屯驻大军，有副司左右军之目，见《宋史·兵志》。一“静胜军”三字。宋代多以“胜”名军，如雄胜、崇胜、克胜之内[①]。扬州骑军有静胜军，属淮南路，盖即此。一“义士左”三字。亦建炎以后屯军之名也。此外有“左军郭文”、“左军王实”、“宝应陆一”、“宝应杨三”、“宝应解三”凡五砖，字迹毫无损坏，皆监造者姓名也。其余则“左军”、“右军”、“中军”、“水军”、“武锋军”、“沈武锋军徐”之类。宋南渡，江淮皆为边境。建炎初，李纲始于沿江淮河帅府置水兵二军，防守綦严。水军之制，加于前代。然文多残缺，较逊前砖之完全，且以备数而已。乙未六月于津逮楼侧，增筑书舍数楹，兄将各砖嵌诸壁间，颜其屋曰“卅六宋砖之室”。落成日，予因详考而识之于篇。

① “内”，疑为“类”之误。

卷 八

金陵地脉，北由句曲之华山铁帽峰落石龙冈，西行上邑孔山之武燕冈、汤山之黄石冈、个字山之分水冈、白云峰之横堰冈、武冈山之晏公冈，落平，顿起钟山，尽于冶城；南由江邑云台山，历查塘野，发殷子山之范村野、官山之冯村野、灵母山之枯桩野、黄姑山之鸡笼山、祖堂山之牛首山，至石子冈，尽于雨花台，会成省垣。诸山及冈脊过峡均关省城正脉。历年以来，上邑白云峰龙泉庵，及东山、犁头山、腹空山、龙口、小茅山等处，皆造窑烧灰，开山凿石，伤残来脉，惨不忍言，以致省城之文庙衙署叠有变灾，民房常遭回禄，民物无复昔年之盛。道光辛卯，城内绅士禀请各宪履勘，已经挖凿者，填塞削平；未经挖凿者，永远封禁。至十六年丙申，办理始竣，议定章程，通详督抚，勒碑两通，分立于上元署前及孝陵卫救生分局，洵莫大善举也。第恐日久玩生，禁弛复蹈，亟冀后起有人，认真查察，不致视为故事，则幸矣！其募捐启云："盖闻采石乘时，周官著廾人之禁；钻山索异，魏臣廑工役之劳。诚以廪分开阖，岁验丰凶，鞭触阴阳，候占晴雨。土精结核，物理所最奇；灵液敷华，民用所共宝。关赤埴之盛衰，卜苍黎之休咎，而不可加以伤残，恣其锻炼者也。吾乡地临省会，胜占东南，六朝佳丽之区，百代人文之薮。脉探句曲，华山森铁帽之峰；秀毓金陵，钟阜尽冶城之麓。蜿蜒起伏，直从数百里而来；磊落嵚崎，岂只一千寻以上！综其形势，皆灵气所灌输；溯厥根基，宜人工之培护矣！乃白云峰、武冈山诸处，凿石者纵情搜采，开窑者任意焚烧。崖断猿啼，挥斤奏技；岩居蚁聚，运畚呼群。月斧高扬，六甲佐鞭棰之使；火轮腾跃，三辰夺箕斗之辉。片砾星零，谁拾炼余石碎？微尘土委，空嗟劫后灰残。峰黯淡而不青，壁倾危而尽赤。功无资乎凿险，祸更甚于燎原。以故震撼谷神，机缄默应；荡摇地媪，沴厉频征。黌宫罹朱雀之灾，事非偶尔；公府吐赤龙之焰，理亦固然。而况直突烟生，万井之闾阎色减；荒丘日冷，一抔之窀穸魂惊。岂非城野同悲、神人共嫉者乎？某等身列名邦，籍居斯土，伤深击目，痛切剥肤，援句邑已成之案，为此都甫创之谋。公吁邑侯，历申大府，按起脊之正脉，察过峡之要区，量丈引以絜短长，树碑碣以申禁约，既显惩其已往，复隐杜其将然。儆彼甿丁，垂诸令甲。法诚良矣！功莫巨焉！惟是善当谋始，事必图成，垂无疆之庥，待不赀之费。所愿乐善仁人，同志君子，谊关休戚，念切匡扶。黄金布地，共结因缘；白石镌铭，永留馨逸。此日培根植本，群山邀呵护之灵；他年吐润含滋，亿姓享乂安之泽。”

县学乡贤、名宦两祠皆有碑，独忠、义、孝、悌无之，仅书粉牌，而中多遗漏舛误，不一而足。戊戌岁，先大夫蒙旌孝友、义行入祀于祠，乃捐金重修，仿乡贤、名宦二祠砌立石台。自六代迄国朝，祠祀诸公，按其世代以次勒诸石，并辑其出处事迹，以史传为主，参之志乘诸书，各系以赞，合为一编，名曰《金陵忠义孝悌祠传赞》，先叔则阳城张古余先生旧撰，先大夫则胡心斋先生撰也。

史痴翁诗不多传，予藏钞本一卷，王佩中撰序，尤以画名，不拘家数，天机浑成，大率以韵胜。当时，沈石田重之，而真者绝少。有爱姬何玉仙，号白云道人，聪慧，解篆书及小画，知音律，求两京绝手琵琶张禄授以曲。痴为作诗云："白云仙子本良家，痴老平生好琵琶。"家在小仓山，有楼曰卧痴。其地有史墩焉，又云在望仙桥侧。今居人表其闾门曰"史痴翁故里"，且谓桥名望仙，即翁之望玉仙云，未知孰是。先大夫得痴翁自绘《卧痴楼图》，墨沈[1]淋漓，气韵生动，上有题词云："卧痴楼静悄，箪瓢巷清高，抟风弄影那粗豪，声名不小。懒功名，不受征贤诏；挥金珠，曾买吴娃笑。怕贪婪，不入虎狼巢。老先生见了。　　南州后裔，东海根基，少年不肯事轻肥，待埋踪隐迹，怕劳神不学拿云艺。为怡情，博得抟风计；怕功名，毕罢上天梯。老先生见机。　　无炎寒，故知有道义。山妻卧痴楼上足幽栖，乐穷通静里。怕红尘，常把衡门闭；远青云，便把功名弃；喜光风，懒把是非提。老先生悟矣！　　曲木草屋，粗布衣服，年年依样画葫芦。伴高阳酒徒，闭著口不开言，惟恐伤世务；塞著耳不闻声，只怕添心怒。撞著橛，不解缆，那个似尧夫？老先生感古。正德改元春日书，并书《逸情醉太平》四首。"此又稿中所未载者也。

华藏庵在汉西门古城隍庙之北，明宣德间创建，为接众丛林，内有明魏国公徐宏基"清净声闻"四字扁额，旧碑犹存，在大殿后，称为王沂公花园。按：宋王曾封沂公，未尝居此。

① "沈"应作"渖"。

铁塔寺,宋时曰正觉。王安石尝于寺西建鍒龙书院,盖即其处。或荆公误为沂公耳。嘉庆间,有恶僧五和尚者,多行不义,庵产悉为鬻尽,甚至挖庵旁黄土售人,刨掘无虚日。庵有关圣像,将售与他庵,数十人舁之不动,乃止。铜身韦驮像买[1]与铜匠铺。夜深,爇炉火将溶之矣,忽红光烛天,居民以为回禄,奔救得免。造恶种种,遂群起逐之。仅破殿两重,空无僧居,为造氍毹者所占,驴毛污秽,不堪言状。道光戊子春,士民延请玉洁师主之,于殿侧建茅趺坐,日诵"楞严",誓愿兴复。自是,檀施益众,由山门至后楼,次第修举,不数年,遂复旧观。师,上元淳化镇人,幼出家祈泽寺,戒行精严,深通内典,朴实无华,与人言,如呐呐不出诸口。能诗,有《山居稿》。前殿,祺仁家兄有联云:"心迹双清,华藏庄严开胜地;仙佛一贯,冶城葱郁近朝天。"观音殿,予有联云:"破我尘劳,看四围红树青山,胜绝城西风景;发人深省,听一片晨钟暮鼓,悠然海上潮音。"师于道光某年月日无疾坐化,荼毗后有坚骨子十数枚,其大如卵,色白如砗磲,建石塔祭于凤台门外。

秦钜、秦浚墓在处真乡移忠寺侧,见《建康志》。按:今木牛亭为处真乡,桧墓在其地,予已详考之。钜字子野,桧之曾孙也。嘉定间,通判蕲州。金人犯境,与郡守李诚之协力捍御,城破巷战,死伤略尽,归署自焚死,二子浚澥从焉,后封义烈侯,见《宋史·本传》。盖死于蕲州,归葬于此也。浚为钜子,而袁枚所修《县志》误以为弟,则谬甚。

---

① 疑为"卖"之误。

覆舟山下崇圣祠，去香林寺半里，崇祯癸未立碑，略云：于周服，字德渊，武清人。天启年司礼监圣人堂读书，崇祯元年授文书房，改南京内守备，建崇圣祠，中三龛，曰西伯，曰孔子，曰武侯；东之次曰吕祖，西之次曰关侯。荫甥李忠孝，巡按宣大、淮扬御史梁云构，兵部尚书熊昌遇，枭矶道人冯元飚各撰碑记。碑二座两面，镌文四通。门外额题“道德忠镜”四字。朱君绪曾作七古纪之。当魏阉构乱之秋，生祠遍天下，甚至配飨文庙，名教沦丧殆尽。庄烈御极，痛加芟夷，乃余风未殄，若辈犹敢无知妄作如此，甚矣！去恶之难尽也。又定淮门外晏公庙后，旧有一庙，中塑明祖，左右有富翁、穷丐分侍其傍，相传为沈万三、乞丐道人，与明祖同年月日时生者，不知本于何书，起自何代。以帝王与庶人同列，其诬慢又甚于崇圣祠矣，今其庙已圮。

南宋检校少保谥威定王公讳德，字子华，巩州人。军中号为王夜叉，败金人于柘皋，刘锜[①]请以兄事之，载《宋名臣言行录别集》。墓在钟山清真寺侧，土名下庙，出神策门二十里，有神道碑，见严观《江宁金石记待访目》中，铭词载《建康志》。道光庚子春，朱述之大令访得拓之。碑为知韶州军州事傅雱撰，江南西路安抚司参议官杨畴书并题额。倘重为修整，则宋代名墓不致湮没无征，以俟好古者。王公墓侧为朱庄恪公桂桢葬其夫人范氏处，及公没后，启夫人冢将合葬，其下有水，棺已朽腐，遂改葬于排头庵之北。然其地亦过龙之桡棹砂也。

---

① “锜”，《宋史·列传》为“琦”。

吴朗生文学观文云:“玉带水必四面围绕。”今江宁城中正合此格。秦淮由东水关入城,出西水关为正河,其由斗门桥至笪桥为运渎,由笪桥至淮清桥为青溪,皆与秦淮合,四面潆洄,形如玉带,故周围数十里间,闾阎万千,商贾云集,最为繁盛。而衙署公所如布政司、督粮道、盐巡道、江宁府、江宁县以及文庙、贡院、考棚皆在其中,关系非浅,常筹疏浚,官民实两有裨益。此言能发前人所未发。

始祖晋于湖敬侯讳卓,父尚书讳述,祖太傅讳昌,曾祖即吴折冲将军兴霸公也。公本巴郡临江人,少依刘表,不见进用,转托黄祖,以凡人畜之,后乃归吴。从大帝西伐,遂擒黄祖,随周瑜破曹操于乌林,攻曹仁于南郡,以功拜西陵太守。从攻皖,获朱光,拜折冲将军。曹操出濡须,公以百人夜斫其营。从攻合肥,壮气毅然,病卒。大帝痛惜之,墓在直渎山下,年久湮没,屡访未得。今神策门外沿城处,有地名曰甘宁坝,或者距墓未远耶?然不可考矣。钱塘陈退庵大令文述诗云:“铃声帆影总难当,乱世能知择主良。少日功名事游侠,中原形势论荆襄。樽罍慷慨生知己谓救苏飞事,鼓角纵横入战场。太息当年埋骨处,几番陵谷变斜阳。”孙皓凿直渎,见伏滔《北征记》。或谓为吴将竺瑶墓,盖未确也。阳城张古愚观察敦仁题始祖晋于湖侯墓碑册七绝二首,其一云:“遥遥远溯赤乌年,世泽何人似此绵。直渎水湮山不改,凭君还访上元阡。”正谓此。

衡阳寺在太平门外三十里清风乡。予赴北乡觅地,尝假宿其中。南朝朗法师结茅于此,有衡阳神女听经,因名,相传为志公出家之所。大殿有联云:“六朝钟秀,运启齐梁,朗禅师披草莱,占南朝四百八十寺之首,感龙女献泉,涓涓派流不息;五叶留芳,光吞吴越,宝志公剃须发,开西域三千七百年之灯,遇梁皇问道,赫赫声价弥高。”栖霞慈中印道人题。然志公少出家,止京师道林寺,师事沙门僧俭为和尚,见《高僧传》。又,宝公林为志公出家地,见《宝华山志》。而衡阳寺独无明文可证,则其说亦未可尽信也。

山阳卢君,乙酉举人,候选教谕,侨居金陵。癸巳冬摄高邮学篆,时值水灾,奉檄查赈未竣,为他事所羁,诿之书吏、门斗,遂为所朦,不免侵蚀之弊,而卢固无染也。庚子春为江浦书院山长,忽患发背,医药罔效,死而复甦者再,自言曰:“是年水灾未经得赈者三百余人,皆流亡而死。其鬼诉诸高邮城隍,行文山阳原籍城隍拘提,山阳以其寄居江宁,复牒诸江宁府城隍,转饬江浦县城隍,就近讯办。顷赴城隍庙,见神端坐殿上,鬼卒罗列。卢匍匐阶下。神曰:‘灾赈为民命攸关,尔何办理草率至此?’卢以事出失察,绝未染指,恳求宽贷。神曰:‘虽非孽由自作,然殃及百姓,咎无可辞。’某曰:‘胥吏舞弊肥己,情罪较重,独无责乎?’神曰:‘若辈已早入阿鼻狱矣,尔仅失察,故迟至今日耳。’命鬼卒取禄籍与卢自阅,籍中注:‘丙申科进士,官至五品,寿逾六十,已行钩销。’卢丙申会试拟中,十余日因后场有疵摈落,阅之心益惶悚。神复命鬼卒引书斗来质。无何,书斗某某悉披发裸体锒铛至前,齐声大呼曰:‘老爷救我!’卢闻之,向神哀乞以终养老亲为请。神踌躇再三,意欲宥之,乃援笔书详牍云:‘某奉委查赈不力,假手吏胥，致斃多命，罪应拟抵，姑念事属失察，脏[1]未入己，伊父奉佛多年，伊子年幼，至孝格天，情殊可悯，请从末减’等语，书未毕，忽堂下号呼，声震殿宇，则索命者三百余人也。神掷笔叹曰：‘此事实难挽回，姑释汝回阳，以彰报应，明日当申解矣。’”言毕，昏迷不省，逾日而卒。其父奉佛维谨，日诵《楞严》，廿有余载矣。子年未及冠，天性纯孝，当其病笃时，尝烧去一指，祷天乞以身代，时家人尚未及觉，而冥漠中已默鉴之。噫！民命重大，无心之失且如此谴责，况有心哉！此皆其自述共见共闻之事，绝无一字虚诞，因识之，以为凡有民责者共儆焉。

始祖敬侯墓，在江宁南乡小丹阳甘墓冈，其地亦名甘泉里，桥曰甘府桥，村曰大甘村、小甘村，皆以甘得名。自晋迄今千数百年，环墓而居者尚有百余家，皆侯裔也。墓碑中失。宋时，有锄地者得古碑曰“梁州刺史甘府君墓”，乃复辨之。元张铉《金陵新志》载之云：“其碑藏于甘氏之家。”今不可得矣。嘉庆十六年，先大夫重修立碑，桐城姚姬传先生鼐撰记并书，载入《府志》。其碑记墨迹装册，题者甚夥，兹择录之，以资参考。上元秦易堂学士承业云：“碑识将军墓，锄荒出旧题。望同周顗重，名可顾荣齐。后嗣能修古，前丘幸未迷。卞公祠不远，相对石城西。”宛平陈远雯太守云云：“将军英武合封侯，破石平陈纪壮猷。讨贼先声驰露檄，成仁晚节耀霜矛。六朝芳字留残碣，一带斜阳认古丘。从识酬忠天意厚，明禋千

① 当为“赃”。

载看箕裘。”江宁邓嶰筠制军廷桢云：“武昌逆焰逼城狐，露檄威能詟万夫。愧煞司徒唯待罪，空令江左望夷吾。”“秣陵山向墓门青，更立新碑证旧盟。从此春秋供韭稻，不随大树叹飘零。”长沙唐陶山廉访仲冕云：“武昌狼抗畏襄沔，周侯没郡甘侯典。参军谏阻先震慑，露檄声传合除剪。万岁齐呼表上台，二宫无恙功扶辇。害诸名士有由然，丞相不言殊偃蹇。朱雀桁开诏且封，驺虞幡下甲当卷。深恐困兽同李傕，岂料捐躯类宏演。桓文讨伐势难成，隗寔回翔心弗善。一片忠肝天所知，千年毅魄地长显。至今宰树重峭嵘，况复孙枝更蕃衍。韩陵石上晓烟凝，乌衣巷口秋蓬转。试问安东佐命勋，丘垅何在牛羊践。”潞河白小山侍郎镕云：“击蛇先掣尾，擒虎须踏背。将军一麾据上游，遂使王敦心胆碎。旌旗不下祸不止，迫之复恐惊天子。露布已将大义昭，返师且缓须臾死。那料天狼光未收，忽惊箕尾一星流。赤心生不愧陶侃，碧血死能谢戴周。君不见，丰碑十尺埋棺处，万点神鸦犹绕树。”山左贾芝岩副宪允升云：“将军镇襄阳，惠政称西土。晋室运中衰，石头据狼虎。露檄遏强梁，遇害亦良苦。墓门茂松楸，英风飒然聚。巍巍遗碣存，忠义照千古。”德清蔡谷山鸿胪之定云：“石城岌岌感兴亡，忠节清谈两渺茫。典午衣冠零落尽，独存墓碣仰甘冈。”“数百余家子姓覃，门前种树比棠甘。慈孙孝达千秋上，翦棘驱豺保墓龛。”长洲徐少鹤学士頲云：“墓门几度见斜曛，旧事新题乐石文。碧血已沈[①]九京恨，青山重护六朝坟。衣

① “沈”，古“沉”字。

冠此日荒原草，松柏于今结阵云。长有礽孙守祠祀，好将遗烈诵清芬。”全椒吴山尊学士鼒云：“一檄诛奸晋室存，丰碑今日慰忠魂。司徒敢说苏卿节，士尉仍惭卞壶孙。勒石道兼延阁盛，守茔天与后人蕃。斩蛟台在长邻近，先后同朝可并论。”黄冈李小松尚书钧简云：“烈烈甘侯大节垂，潜褫奸魄早扶危。侍中血洒荡阴日，太傅碑沈岘首时。草木威灵余古墓，山河壮气俨灵旗。乌衣门巷空江左，百代忠贞有本支。”上元伍愚泉中丞长华云：“典午风流未可攀，尚闻遗墓护林关。西州路辟人重过，华表年深鹤再还。碑碣又刊三楚政，松楸补种六朝山。秣陵古迹销磨甚，喜续前踪水石间。”天长戴湘圃殿撰兰芬云：“露檄诛敦逆，雄师镇上游。青山更六代，碧血恨千秋。堕泪看残碣，招魂返故丘。樵苏自相戒，忠义说甘侯。”江宁周石生廉访开麒云：“于湖日泠神鸦风，甘冈碑建平陈功。国典旧复墓五户，家祭近拓田千弓。后先侃峤皆时雄，新蘋无路陈幽宫。不见卞家求守垄，白杨春黯冶城东。”古歙程春海侍郎恩泽云：“玉环碎，壮侯怒谓周访，犯顺之旌不敢渡。金柜鸣，敬侯惊，改易百官皆恣情。同征华裴有三将，敦知敬侯武且壮，既举义旗惟所向。六师败绩周戴殂，茂宏不终王室孤。倘据武昌胁以力，必速太甲成幽拘，钟虡不移敦亦去。奚惜臣头挂庭树，道融智足无忌勇，曷不欧刀斩周惠。君不见，鸡笼四陵狐兔荒，甘家麦饭千春香，乌呼侯泽何其长。”东武王篔山观察赓言云：“襄阳飞檄遏江流，百胜将军据上游。敢望勋名垂竹帛，直教义烈炳春秋。山川有幸藏忠骨，魂魄无由返故丘。惨死九原君莫恨，尽多佐命不封侯。”钱塘吴西谷太史清鹏云："万古甘冈在，忠勤仰敬侯。丹阳遗泽远，典午叙功优。名士初除掾，将军惯领州。平生原将种，所至有民讴。西土攀辕感，南乡进爵酬。频年纷乱削，半壁肯安偷。淝水怀秦捷，新亭叹楚囚。惜时陶甓运，奋志祖鞭抽。待洗中原耻，俄惊逆竖谋。拥兵钱沈附，上状戴刁雠。烽火连江左，帆樯出石头。两宫方岌岌，群辈只悠悠。肉食谋安出，清谈祸实由。一军延寇悔，百口累卿羞。坐失夷吾望，将成太甲幽。征师频下诏，敌忾孰修矛。卓莽心倾汉，桓文志定周。仓皇驰露布，踊跃耀兜鍪。遂走黄陵驿，来乘赤壁舟。先声褫胆魄，大计扼咽喉。势岂容狼逞，时偏忌鼠投。才宽牖下斗，遽照镜中忧。大野悲星陨，孤帷黯月流。魂招湘水怨，骨瘗秣陵愁。回首云千里，伤心土一抔。长余九泉恨，几阅六朝秋。历劫沈灰隐，流光急电收。铜驼空故国，石马亦荒丘。虚寝飘磷火，孤坟走髑髅。表忠徒说卞，埋醉孰知刘。默默群灵鉴，茫茫后嗣求。诸陵无剑舄，此姓有箕裘。落日升墟望，春风上冢游。鹤辞双表去，龙护一碑留。故址披榛得，残文剔藓搜。因之操畚锸，相与认松楸。位置龟蚨[1]妥，丸封马鬣修。河山余堕泪，风雨念先猷。麦饭凭浇奠，樵苏戒践蹂。不须谋守冢，辰此永承庥。"此外，又有桐城方勤襄公维甸四言古诗，长沙陶文毅公澍书后，长洲王铁夫学博芑孙书后，泾县朱兰坡赞善琦碑跋，不及具录。后之子孙，当世世宝之，非第家乘有光，抑此邦文献之一征也。

① 龟蚨：应为龟趺。

城北梁家巷妙相庵。嘉庆间，金桐轩大令之从子文生某课徒庵中，塾旁有荷池。一日偶责徒，徒不受教，遽奋身跃诸池。金亟入池救之，师弟同溺死，自是屡为祟。道光间，庵僧设龛奉屈原神位，以金附之，盖取屈原死于水之意。桐城汪上舍金钺并撰《屈子祠堂记》，勒诸碑。夫三闾大夫尽节湘江，于是邦乎何与？无端假托，毋乃好事者之所为乎？

八蜡庙，旧在聚宝门外梅冈。道光十六年，因蝗不为灾，陈中丞銮奏请增建于钦天山之阳，颁给御书扁额。岁时，官为致祭，是八蜡有二也。

龙蟠里四松庵，旧名盋山园。陶文毅公爱其面对方山天印，极登眺之胜，建印心石屋，命工勒碑，改名博山园。复于其地建祠，祀晋陶桓公侃，仿西湖诂经精舍为惜阴书舍，延请山长，专课经解、诗、古文词，举人与试焉。岁所需修脯、奖赏经费，皆捐俸发典生息。此亦公崇文爱士之盛举也。公惠泽入人甚深。肄业人士当奉其神位以配飨桓公，如钟山书院故事，报本者其留意焉。

忠烈牛公庙在百花巷，祀宋静江军节度使牛富。富，霍丘人，以统制守樊城，元兵陷城，赴火死，诏赠官，谥忠烈，今庙犹存。然湫隘嚣尘，久不列于祀典。无知者指为岳鄂王麾下牛皋，误矣。《府志》称“在竹街”。按：百花巷在篾街内。竹街者，古名也。

陶谷在隐仙庵后，为陶贞白隐居之所。山势盘旋，地最幽邃。有老梅一株，数百年物也，旧为钱氏居。道光庚子，张澄斋太守淳购为别墅，经营之妙，具见匠心。其中高阁三层，登之则钟阜、鸡鸣全揽其胜。秋日，红叶满山，尤令人徘徊不忍去。穿池得古鉴一枚，青翠斑驳，背有“五凤四年造”数字，真汉器也。显晦有时，良非偶然。

蚕桑盛于苏浙，金陵间亦习之。然丝质粗肥，远逊湖宁，惟织工，推吾乡为最。入贡之品出自汉府，民间所产皆在聚宝门内东西偏，业此者不下千数百家，故江绸贡缎之名甲天下。翦绒则在孝陵卫，其盛与绸缎埒。交易之所在府署之西，地名绒庄。日中为市，负担而来者，踵相接也。自屡经荒歉，贸易日就消减，以今较昔，不过什之二三，观此而民生之凋敝可知矣。道光庚子，静斋叔父在常州奔牛镇及浙江石门斜桥等处，雇觅织工来省，捐赀备办棉纱，于孝陵卫一带设机织布，令绒机失业。男、妇习之，价廉工省，日用必需，此业一开，补救不小，洵百世之美利也。惟织布所用棉纱，必得崇明、通州所产者，绪理紧密，绵绵不断。若孝陵卫及乌江之花，只可作衣棉，不堪织布。所望有力者，赴崇明、通州等处广为采买，轻其值以鬻之，则习织愈多，流通以广，安见民气不可日振耶！直隶无木棉。乾隆间，方恪敏公为总督，教民种之，有《种棉图》石刻传世。迄今百余年来，北地木棉广出，民利无穷，可见为政在人，顾力行何如耳？

由水西门至上新河，多雇驴以代步。迩来屡有水患，执鞭之士皆移于鼓楼，从此策蹇至下关为至便矣。其路程上下计十四五里。昔有谚云：“鼓楼蚕豆一大摊，直吃到下关。”即此一端，可想见当年全盛时，无物不贱，民气之至乐也。

康熙十七年，荐举博学鸿词。吾乡膺是举者三人，惟上元倪灿字闇公，以丁巳举人试列一等，授检讨。其二人，江宁进士白梦鼐、廪生黄虞稷也。雍正十一年复举，至乾隆元年考试，上元生员许锵、廪生程廷祚，江宁贡生龚缨、廪生黄涛楫，广东新安县知县何梦篆共五人。廷祚于乾隆十七年复荐举经学。近时，经学淹贯者，莫如吾师胡心斋，先生幼承母训，长受业于卢抱经、姚惜抱两先生。而惜抱先生先后主讲钟山二十余年，其亲炙为尤久。先生于《十三经注疏》、《廿一史》及诸子百家靡弗精讨，所作制艺胎息正嘉。惜抱先生谓："浑浩流转似归震川。"每课辄冠其曹，刊入钟山课艺，说经取汉宋两家之学折衷，至是其心得为多。壬辰、癸巳，岁科两试与考经解题甫下，援笔立就，洋洋数千言，逾时纳卷。学使廖钰夫侍郎拔冠入学，发落时，谓诸生曰："胡某真老宿学，是能读线钉书者。汝等当奉之为师。"巡道诸城李方赤观察璋煜闻其名，亲造访焉，极加礼重，推为皓首穷经之士，延主惜阴书舍，为多士表率，惜名场不遇，仅获食饩。今年届八旬，精神矍铄，灯下犹能作细楷，键户著书，耄而弗倦，著有文集若干卷、《群经说》若干卷。

陈载堂先生灿勋，上元人，嘉庆甲子举人。截取国子监学正，品学端醇，粹然儒者。生平和易近人，未尝有疾言遽色。家贫，淡于进取，以授经自给，从学者众，多所成就。陈师吾中书实俭、周石生廉访开麒、梅伯言农部曾亮、易文江太守长华及弟晴江编修长桢、陈叔良观察之骥、陈伯敏比部鲁皆出其门。里中如救生、瘗旅、恤嫠、展赈诸善举，乐为倡率，毅然不辞。与先大夫友善，数十年如一日。晚年，集诸老友作九老会，觞咏而外，喜敲棋之乐，颐养自娱。甲午春，先大夫弃养。先生来吊，抚膺大哭，悲不自胜，挽句云："九老开怀，忆从前春月秋花，予惭领首；一生乐善，痛此后江天陆地，孰任仔肩。"其交情之肫挚可知矣。己亥正月卒，寿八十，祔葬于江宁南乡宋庄祖茔之侧。子炳暘邑庠生。

黄芝田先生荣曾，上元人。曾祖讳瑞，字辑五，康熙间贡生，著有《四书会要录》行世。先生幼有神童之目，乾隆庚子领乡荐，时年十五，历官宣城教谕、无为州学正，晚年家居，以课孙为乐。子家达、家修，邑庠生；家声，道光乙未进士，官云南保山县知县，孙亦新入泮。一门之中，敦诗说礼，彬彬如也。庚子重宴鹿鸣。按：乡先达重宴鹿鸣者，自乾隆初迄今，百余年间，陶京山先生绍景，乾隆戊午解元；万裴园先生保廷，乾隆丁酉举人。合先生而三耳。外有贵先生逢甲，乾隆庚寅举人、壬辰进士，重赴鹿鸣、琼林两宴。然其子杰始入上元籍中式，道光壬辰举人。先生仍[1]湖南籍也。又，顺治乙酉举人胡禹冀，字载川，江宁人，为前明许会元谷之弥甥，官太平府教授，至康熙乙酉，重赴鹿鸣，见《望溪文外集》。乾隆以前可考者，仅此而已。

旧王府凤池书院，自改建以来，号舍、讲堂规模井井，原为童生肄业而设。讲堂之后，池塘亭榭，花木蓊然，犹是孙氏五亩园之旧，过其地者辄流连不忍去。奈迭遭水潦，山长难以设帐其中，及水退时重加修葺，又屡为有司强借以作客官公

① 当为"乃"。

馆，久假弗归，视若固然。所藏书籍及各号器物，多被残失，不堪其扰。致令肄业生徒托足无所，大失旧守俞公殷殷培才之美意矣。己亥庚子间，天津沈公兆沄任盐巡道时，洞察其弊，于大门外竖石碑，大书深刻“永远禁止借作公馆”。自是，其风乃革，可见好官之兴利除弊，前后固如出一辙也。

张荐粢，字子絜，嘉庆丙子举人；弟保孚，字子实，嘉庆己卯举人，阳城古愚观察公子也。渊源家学，伯仲齐名，居恒朴素，出不乘舆，毫无贵介气习。当道光初间，随侍观察来金陵，侨寓升平桥之东，与予兄弟订交，相见恨晚，每得一彝器碑版，必互相反复考订，辄谈至夜分不倦。子絜工篆隶，飞白书尤精，观察谓其魄力深厚，灵谷志公塔额“护国安民”四字其手笔也。中年丧妻，誓不再娶，作家书寄其弟，情词恳挚，盖天性使然焉。子实亦于书无所不读，而机警明敏，有断狱才。乃子絜以大挑知县分发山东，未补缺而卒。子实以教习期满得知县，授甘肃伏羌令，亦卒于官。皆弗克大伸抱负，惜哉！

萧梁圣师宝志公，天监三年始葬钟山开善寺玩珠峰下。明太祖取其地为陵寝，遂迁于山之东屏风岭前，建塔五级奉之，即今灵谷寺也。塔上签语极灵，先大夫有事祷之辄应。嘉庆间，卜葬先大母朱门乡感公示梦事，已详载《寺志》中。嘉庆己卯仲冬，六弟炘时方六龄，痘势将殆。先叔孝子公年及五旬，膝下仅此一子，忧虑万状，一夜须发尽白，哭告予瞩为代祷。予感其情惨，斋沐诣寺为之设坛礼忏，竭诚虔祷。是时，弟一息仅存，奄奄待毙矣。三日后，忽自言有老僧抱之，坚不得脱，因而哭喊而遍体小痘复出，卒获更生。老僧者，盖公之现身灵感也。道光戊子秋，先大夫病，左腿筋痛，久而弗愈。予往祷之，寺中有檀木志公像，虔奉以归，供之前堂。先大夫正假寐，梦有老头陀身著紫袈裟坐堂前，先大夫礼拜之，老头陀下座掖之起，并摩其腿曰："汝病退矣。"醒而异之，觉患处隐隐有热气自上而下者数日，后服药而瘳，至今木像奉于家。此皆予所亲历，毫无一字虚妄。土木也，而神实凭依。殆视乎诚心感召何如耳。

学宫自二丁官祭之外，圣诞、忌辰有两私祭之举。洒扫会绅士经理历有年矣。其余各祠，惟乡贤后裔，每岁清明、重阳有私祭。道光丁亥，先叔入祀忠义孝悌祠，亦仿乡贤之例行之。辛丑，先大夫入祠，因与诸后裔端木上舍秩山、杨文学长年议，共捐集百金，存公生息，为永远祭祀费，而皆于官祭无与也。旧凤池书院承训楼，祀钱塘陈俨亭先生。先生以知县致仕，乾隆间为凤池山长，尝欲广设课额，以赡孤寒。嘉庆己卯，其嗣香谷中丞，笃承先志，捐廉俸增广诸生膏火，遂建楼祀之，复捐三百金发典生息，岁所入除给看祠工食及岁修外，以其余为春秋两祭费，绅士轮流经管。然虑其久而渐弛也，戊子春乃将名宦、乡贤、忠义、孝悌、周公、陈公诸祠合而为一，同日并举，谓之祭六祠，庶与祭者多可相维相系于不坠已。

近时作园林者，张氏陶谷固脍炙人口。然边营金氏膝园，背城而立，地仅数十弓，而池台亭榭，布置天然，过而游之，殊多幽趣，几忘其居阛阓之中矣。鸽子桥南陈氏朴园，结构无多，亦觉小中见大，有白皮古松二株，高倚墙巅，尤为苍秀独绝。昔人谓"筑室易，种树难"，良有以也。主人以朴园为别室，善饮爱客，壶觞之乐无虚日，与予家比邻，每春秋佳日，辄招至宴集，乐而忘返，相去咫尺，过从甚便焉。

壬寅六月朔，申酉间，日食，昼晦，阴云四布，狂风暴作，逾时始散，人心皆震怖。至十四日，英人内犯，遂有京口之变。及月杪，扬帆直逼省垣，天变示警，岂偶然哉！

桐乡程公讳本立，字巽隐，建文朝授江西副使，未及行，都城破，与衡府纪善周忠节公讳是修，同缢死于应天府学。乾隆间赐谥节愍。《明史》未详，朱竹垞《明诗综》及《巽隐集序》载之甚悉。应天府学即今上元江宁县学，旧有祠祀周公而独遗公，数百年来无议及者。壬寅，乡人士进公位于忠节祠而合祀之，并更祠额。侯青甫先生书联悬诸祠内，甚盛举也。

东阳街之南有三村，曰上黄墅、中黄墅、下黄墅。其中黄墅路旁有白牡丹一丛，开时花大如盆，观者云集，相传为前明富户巫氏旧园，已三百余年矣。四围缭以土垣。或分移他所，植之辄萎，真异品也。其地距先大夫墓仅里许。壬寅仲冬，窀穸毕，土人导予往观，有诗纪之。

嘉庆间，总督梅庵公铁保阅兵江右。公馆中有假山石高及丈，嵌空玲珑，公见而称之。及旋金陵而石已先至，何下僚之逢迎意旨若是其甚也。既而公因事左迁，石遂委弃节署旁箭道中，垂三十余年。陶文毅公建惜阴书舍，乃移石于博山园。昔吴六奇移石事以报恩也，而此则出于献媚。古今人迹同而心异如此。

梅氏天文算法，惟抱村先生尚承家学，著有《勾股浅述》一卷，此外无闻焉。陈勉夫先生楙龄，亦善推步之学，而著述不见于世。近则全椒江云樵先生临泰善造仪器，所作简平仪、中星盘、比例规、浑天球极精。先生与张丹村、齐梅麓两太守为莫逆交，著有《揣籥小录》、《续录》、《弧三角举隅》、《中星图表》诸书，均已刊行。晚年又撰《浑盖通诠》一卷，本前明李振之《浑盖通宪图说》，而运以心得，一归简要者。往岁，予为刻之。今年逾八十，神明不衰，有叩必鸣，孜孜弗倦。今之讲天文者，当以先生为硕果矣。

侯青甫先生，尝官凤阳教谕缺，最瘠苦。有诗云："教官最好是苏扬，不选苏扬选凤阳。试听街头花鼓曲，十年倒有九年荒。"语虽近谐而风趣殊绝。

何云庄封公以诸生终，未得一第。然寿逾古稀，膺长子祥垣鹾使三品封，亦可无憾。病革时，背少时所读经书喃喃不绝口，遇有字句记忆不清者，必索书检视而后已。陈载常先生临终数日，默诵生平时艺如瓶泻水，及得意处犹作击节状。释家谓临命终时，生平善恶现前，此正是读书人善根。来生当不昧前因。书到今生读已迟，信哉斯言！

人有偏嗜。文王嗜昌歜，曾晳嗜羊枣，固已。六安阎鉴波先生其渊，精帖括，著有《四书类联》[1]行世。子善庆，嘉庆辛未庶常，散馆，选广西知县。先生独困于棘闱，老而弗遇，以孝廉方正终。恒游金陵，居同善堂，酷嗜豆腐，见盛馔辄不下箸，必以生豆腐一大块供之，毋庸加油盐而啖之乐甚。道州何编修绍基，亦有此癖，每饭不忘，然不必生者矣。钱塘梁山舟

① 此书全名为《四书典制类联注音》。

先生，其孙女嫁上元王氏。先生嗜枇杷，每过金陵，必假馆王氏家，求书者踵集。其孙女遂买枇杷数百枚，以大盘盛之，献诸先生座右，先将笔墨及求书各纸陈其侧。先生见之大喜，遂命其孙女侍侧磨墨，且啖且书，枇杷啖毕，而书完矣。阳湖孙伯渊先生嗜蟹，每餐必设，素有呕水病，而食蟹辄愈。盖呕病有因热而作者，蟹性阴寒，适足以治热欤？粤东冯晋渔刺史蓁，侨居明瓦廊，庭有古柏，相传为六朝物，又有古槐一株，中藏异物，为雷击，而槐独存，遂名其亭曰雷槐亭。性嗜鸭，凡赴友宴饮，必先问有鸭几何品，尝谓："金陵所产鸭甲于海内，如烧鸭、酱鸭、白拌鸭、盐水鸭、咸板鸭、水浸鸭之类，正四时各擅其胜，美不胜收。予所以侨寓是邦者，正为此耳。"又尝畜大蛇二尾，去其舌齿，以竹筒藏之，夕则放于衾内，与之共寝，率以为常，尤为怪事。梅伯言嗜栗子，赴都时，道上日蒸以当饭，计自王营抵都门，食栗三十余斤，栗性滞腻，多食令人气闷，而彼独安然无恙，此岂脏腑别异？出于性生[①]耶！

昔海寇郑成功之乱，江宁省城有岌岌殆哉之势。然白土山一战，贼锋大挫，卷甲东奔，全城卒保无恙，迄今二百年来，白土山泰厉坛侧，锄地者犹时见白骨累累，皆当年贼兵遗骸所积。是役也，变在旦夕，转危为安，信非梁总兵赴援之功不及此，父老犹啧啧称颂之弗衰。顾其事原委，诸志未载，不考国史，末由知其详。近读邵阳魏默深刺史源《圣武记》第八卷"国初东南静海记"一篇，叙述极明析，因节录之，以备旧闻，

---

① 当为"生性"。

略曰:“顺治十四年,成功闻王师三路,攻永历于云贵,乃大举内犯江南,以图牵制。十六年六月,由崇明入江时,苏松提督驻松江,江宁提督驻福山,分守要害圌山及谭家洲,皆设大炮。金、焦二山皆铁锁横江。张煌言屡却不前,令人泅水断铁索,遂乘风潮,以十七舟径进,沿江木城俱溃。破瓜洲,获提督管效忠。围镇江,五路迭垒而阵,周麾传炮,声沸江水。攻北固山,士卒皆下马死战。官兵退入城,成功军逐之而入,遂陷镇江。部将甘辉请取扬州,断山东之师;据京口,断两浙之漕;严扼咽喉,号召各郡,南畿可不战自困。成功不听,七月直薄金陵。时江宁重兵移征云贵,大半西上,城大备虚。松江提督马进宝不赴援,阴通于寇,拥兵观望。成功移檄远近,太平、宁国、池州、徽州、广德、无为、和州等四府三州二十四县,望风纳款,东南大震。总督郎廷佐,佯使人通款,以缓其攻。成功信之,按兵仪凤门外,依山为营,连亘数里。崇明总兵梁化凤率师入援,登高望敌,见敌营不整,樵苏四出,军士浮后湖而嬉,乃领劲骑五百,夜出神策门,先捣白土山,破其一营以作士气。次日大出师,由仪凤、钟阜二门,以三路攻其前,而骑兵绕出山后夹攻。成功令甘辉守营,自出江上调舟师。诸营见山上麾盖不动,不敢退,又未奉号令,不暇相救,遂大溃。化凤复遣兵烧海艘五百余。成功遂以余舰窜入海岛。是役,梁化凤首功。诏先图其形以进。是年冬,提督江南。”观此,而师武臣力犹赫赫若前日事,梁公之大有造于金陵也,真百世不能忘者矣。

钟山书院讲堂之左设神龛,奉雍正间始创书院之制军查弼纳与德沛及历代山长之有望者，如杨皋里、钱竹汀、卢抱经、姚惜抱诸先生神位。尊经书院于阁上设龛，奉制军铁保，春秋诸生致祭，所以报本也。凤池书院创于盐巡道某公，重修于嘉庆十年方伯康公基田，改建于道光十年太守俞公德渊，而掌教最久、文望最隆者，莫如浦柳愚先生。工竣之后，三学士子感思德教之由，遂仿照钟山、尊经成法，于院之文星阁下增设□公、康公、俞公及浦山长神牌，以伸报祀礼也。予恐其久而就废，因与家祺仁兄商度，于书院岁修项下每年提银若干两，以充春秋祭费，庶可相承勿替焉尔。

古乐府《莫愁乐》云："石城女子名莫愁，善歌谣。"石城在竟陵，其曲云："闻欢在扬州，相送楚山头。"则莫愁在楚无疑。今石头城下之莫愁湖，盖因石城转讹耳。明顾文庄《莫愁湖考》已详言之矣。乾隆间，李松云太守尧栋重修湖楼，对联云："一片湖光比西子；千秋乐府唱南朝。"仍主旧说，自然风雅。陈东浦方伯奉兹又题一联云："此地曾传汤沐邑；何人错认郁金堂。"盖明初赐中山王食湖之税。相传王与明祖对弈于此，以湖赌胜，故楼曰"胜棋"，至今犹奉王遗像，租不入官，其裔尚世守之。方伯之联诚刊讹正谬，然不免有考据气也。

杨君天璧，字绣亭，江宁诸生，善山水，法黄鹤山樵[①]，气息深厚。游京师，尝馆刘云房尚书家，名噪一时。仁宗睿皇帝巡幸五台，应召试不遇，游幕粤东十余年，得目疾，垂老归。有石刻、花卉扇面十二幅，苍老拔俗，生气勃然。

---

① 黄鹤山樵，元代大画家王蒙别号。

安庆城外大观亭，为皖省宴游临江第一胜处。汪芝亭观察守郡时，有联云："跨太白楼之上，鸳瓦排云，倚画槛顿起乡愁，已渐近钟阜晴岚，六朝城郭；横彭蠡江而西，鹭涛堆雪，唤沙鸥共谈宦迹，最难忘峨眉春水，万里风帆。"观察曾宦蜀，故云。《楹联丛话》谓为吴人，误矣。邓嶰筠先生巡抚时，一联云："樽前帆影，槛外岚光，数胜迹重重，都向江头开画本；楼上仙人，阁中帝子，溯游踪历历，又来亭畔吊忠魂。"亭侧祀余忠宣公，公墓在焉。先生历官湖北臬使、江西方伯，故自叙如此。楼上楹语，论者推二公为最，皆用衬笔取胜，情景俱佳。

城之西北归云堂，相传明代所造，有石额"盘谷"二字，文待诏书。其地四围皆山，竹树葱茂，庵藏其中。种桂树数千株，有丛桂留人之意。去庵四五里为象房山，乃前明象房遗址，今为土人莳花之所。庵之老僧崇律云："国初，定淮门未开，居者多富，开后遂渐就贫落。道光壬寅冬，门复闭，附近居人如叶金门孝廉、侯大桐副车，及岁科入泮者，接踵而起。"城门之启闭，或亦风水攸关欤！

黄泥冈地势较高，北自虎贲仓穿街而来，南至华藏庵而止，盖朝天宫来龙左首护砂也。何祥垣鹾使家，正当冈上。其右邻旧系里人朱西堂故居。内有园，母丧未尝出殡，就园中隙地葬焉。今屋归溧阳史氏，而其墓乃在园中。

本朝学业之盛，昆山顾亭林先生实牖启之，而洞古今，明治要，学识赅博，盖无及先生之大者。国史"儒林传"以之冠首，信千秋定论矣。桐城胡雒君虔尝为撰次年谱，惜未之见。大兴徐太守松复为排纂，亦未刊行。上元车明经持谦，字秋舲，辑有草本，盖本诸昆山吴广文映奎，而吴氏又本诸先生抚子衍生者也。道光辛丑壬寅间，道州何子贞编修绍基，携其稿入都，与平定张石舟穆，以徐本互相校勘而成。谱载先生尝侨居金陵蒋山下，自署蒋山佣。顺治二年七月王师下昆山城。先生母贞孝绝粒死，遗命勿更出仕。屡来金陵，七谒孝陵并谒明祖御容于灵谷寺。十一年春，卜居神烈山下，皆有诗纪之。康熙二十一年卒于华阴。门人以其丧，归葬昆山。道光二年，奉旨入祀乡贤祠。先生在都时，尝居广宁门内慈仁寺。道光二十三年，何编修绍基匄赀为建祠堂于寺西偏，岁春秋致祭。吾思先生游踪屡过金陵，卜居钟山，志将终老，是其生平惓惓于是邦者最久。百世而下，英灵不泯，当更眷恋于兹。有志述古者，若仿何太史建祠慈仁之意，于钟山之阳或灵谷寺中，踵而行之，俾履其地，以思其人，俎豆永垂于不朽，庶先生清风亮节，旷世如逢，岂非高山仰止之思所不能自已者乎！

城中多土堆。旧王府城门旁，高而且久，国初时已然矣。篾街之堆，乾隆四十九年回禄后所致；骁骑营则嘉庆甲子挑秦淮河所出渣土；张府园、武学园、七家湾等处皆嘉庆丁丑浚运渎积而成者也。至道光戊申、己酉间，忽有人将骁骑营土堆挑去其半，建善司庙于其地，香火极盛，演剧竟无虚日。士女祈祷，举国若狂。此岂神之果灵异哉？抑好事者所为耳。

卷　九

上元袁荷塘文学廷璜，芗亭先生孙也，幼嗣姑梅氏为子，遂从梅姓，入泮后归宗焉。家贫力学，诗文、楷法皆工，有声黉序。每值大比之年，先入闱数日，辄见卧榻旁，平地忽裂巨窟，一白头老妇自窟中出，及肩而止，对之而笑，目炯炯有光，时乃口噤神呆，若昏昏睡去，然亦无他患，如是者十余科，竟屡踬不售，以诸生终，究不知是何冤业也，或前世事耶？梅伯言尝为予道之。

何青士云："邓子京尔咸，因水患暂赁九儿巷张氏屋居之。内有空楼，为狐所据。然彼此相安，毫无扰也。狐曾现形作白须老翁状，相与对语，无异常人，颇好风雅，见其临池作书，辄赞美不置。后子京迁回故居，临别书一联赠之云："天上神仙成眷属；人间遇合小因缘。"款署"仙翁雅鉴"四字，至今犹悬诸楼上。

古人葬法，以三和土为最善。司马温公谓："三和土筑圹，能避凶趋吉，补地力之不足。"朱文公谓："三和土，石灰得沙而实，得土而黏，岁久结为金石。"朱高安《家礼辑要》云："地吉，要葬法又吉，方可永保亲体。君子不以天下俭其亲，有益于亲，虽鬻身为之，不以为侈。三和土筑墙隔是大有益于亲体者也。"魏青江《地学答问》云："葬时于下棺后，用三和土如法筑坚，使四面地土融成一片，久后或遇盗贼掘发，坚凝滑硬，刀斧亦不能开。又，或坟冢塌平，有于此地开茔者，掘下遇三和土，未必不为之掩覆。思深虑远，皆味乎其言之矣。其法：视穴之大小，备土之多寡。大率以三分石灰、二分土、一分砂为准，而其土即以本山穴土为之。三者先行捶细筛净，合而为一。择穴旁平地堆存以篷翼之。先期以羊桃藤熬浆，纳诸缸内，俟其浆冷定，搅之如胶漆，牵连不断，斯可用矣。用时将三和土摊平地上约五寸厚，一人以木帚蘸浆匀洒，两人各持木掀，对面翻拌。捏不拢者太干，再洒浆汁；撒不开者太湿，再加石灰，一次拌成。另堆篷内未拌者，照前法拌之。羊桃藤出徽、宁二郡，江宁朱门乡山中间有之。今苏、浙一带则用蓼叶浆，浙之长安镇此物大行。其叶类榆，每包百斤，值洋二三圆。有香气似樟脑者真，可以辟蚁。水浸五日，浆自出，稠黏异常，较羊桃藤尤善。金井开成，先以三和土作底，匀铺三寸许。工人以木杵筑之，筑至数万杵，则土性全融，吐出微润，谓之出汗。届吉时放棺毕，复于棺之四围空隙处，逐层加土，以前法筑之，及至平穴口，则上凸下圆，铺土如蒸饼状，按层以小木椎坚筑，谓之作伞，以其形似伞也。伞之层数不拘，有多至四五层者，至是则上下四旁，结为一体，而冢成矣。”先大夫谓葬法之善，无过于此者。昔安葬先大父母，又尝创一法：于结顶作伞之际，以雨花山细石子数斗，杂以三和土中，加铺一层筑之，以为顶盖。诚以石性坚滑，刀斧遇之不能著力，可永远保无偷挖之患。此更前人所未筹及者也，计益善而心益苦矣。乃北地葬坟于下棺后，只以穴土掩之，并不加工坚筑，陋俗相沿已久，虽富贵之家，亦从无用三和土者。为地师者，反谓北地风高，石灰性燥不宜用，苟简从事，殊为大谬。况美地难逢，大半土性枯松，夹杂砂石，葬之又不得其法，年久被掘之患未必不由乎此也。与其贻害于终，不若防微于始。果以三和土坚筑之法葬之，既可以尽人子之心，又足以弭盗贼之患。所费无多，所全实大，稍有力者，皆可为之。孟子曰："惟送死可以当大事。"生人居室，犹且自固藩篱，而忍以父母之遗骸置诸荒烟蔓草间，竟漫不加意若此耶？愿以告世之不忘其亲者。

江宁陈醇斋大令士全，家赤贫，幼学织绒为业，未及冠，始发愤读书。天性朴直，为文生面独开，语羞雷同。为诸生时，名噪一乡。居孝陵卫之钟灵街，事母孝。身长八尺，赳赳若武夫；食量大，餐必斗米乃饱，乡人呼之为"陈獃"。丁酉举人，甲辰大挑一等，分发北河，徒步至保阳，布袍见上官，或非诮之，夷然自若也。摄雄县事，策蹇赴任，一仆担行李，随之至署门，为守门者所呵斥，于怀中出公牒示之，咸慑服罗跪，乃知为新官。在任数月，爱民如子，案无留牍，循声大著。北地种谷，值天旱，苗将槁矣，躬诣四乡省视，仿南方水车法，捐廉造之，令民就井掘坑，汲水满坑，车引之以灌苗。民弗习，乃解衣跣足，导民为之。时当盛暑，汗流浃背，民在旁为之挥扇，若家人父子然，卒获有秋。自是家置一车，足以备旱，名之曰陈公车。既而借补霸州州同。己酉春，遽以疾卒于官，贫至无以为殓，同僚赙助之，始克成礼，年仅四十有二。丧归之日，士民哭送者满道，立祠祀之。以实心行实政，醇斋有焉，乃天独不假之年，以卒其用，惜哉！

梅伯言农部之次女，许字同里江氏子，将嫁而婿殇。女誓志守贞。从之。送诸其家。甫入室，女遽引剪刀自裁，幸家人急救，未断其喉。伯言往视，在室外谕之曰："汝于生平未觌面之夫，欲以身殉，烈则烈矣，然生汝抚汝尚有六旬外之老父在，独不念乎？"言毕，舍泪而出。女自是遂止，其情亦惨甚矣。陈伯敏亲见之，为予言。女自幼淑慧知书，随侍在京十余年，未尝赴女宴观戏。其节烈固天性使然，抑礼教有素也？

吾乡发武甲者绝少。自嘉庆辛未科，上元武攀凤中式武进士，用蓝翎侍卫，迄今四十余年，继起者无闻焉。攀凤官至台湾总兵，家颇丰饶，尝得铜铸活字板一副，甚精。某制军闻之，欲假之印书，不允。固求之，索重值三千金，遂被劾而归。文人韵事本非武夫所宜亲，况挟以要利乎？

吾师胡心斋先生，一生绩学，耄期不倦，年逾八十而殁，仅以钦赐副榜终，所作古文、制艺及《十三经说》凡数十卷，闻其易箦时，犹反复勘订，未尽惬心者，以朱墨涂之，删削者大半，稿存于家。予兄弟久欲付刊，以永其传，奈其嗣秘不示人，屡索不得，不知其意何在也。昔方百川先生，生平制艺甚多，临卒时，大半焚诸火，仅存若干篇。传世之言，务求精约，前贤后贤，其意同也。

师生平不吸烟、不饮酒，而独健饭，每餐必四碗，尝谕诸弟子曰："汝曹有志读书，必先学扩充饭量，能吃得方能读得，昔卢抱经先生，从学于桑弢甫先生，先生有学约曰：'放开肚皮吃饭，打起精神读书。'来学者，每餐不能吃四五碗饭者不纳。抱经先生本此法以教人，故予饭量之好，至今不少减，汝曹勉之。”饭后，先生必徐行三百步，自嘉庆戊辰迄己卯，馆予家十二年如一日也。先生体最强健，年逾七旬，耳聪目明，齿牙不落，步履轻健如飞，虽其得天者厚，而善养亦可概见矣。

或谓南闱乡试第三四名最利，而联捷者居多。以历科计之，如嘉庆丙子常熟翁心存，壬午翰林；戊寅婺源俞诵芬，己卯进士；己卯通州徐宗干，庚辰进士；道光壬午歙县许球，癸未进士；辛卯无锡薛湘，丁未进士；乙未六合徐鼒，乙巳翰林；己亥溧阳宋晋，甲辰翰林；庚子吴江仲孙樊，乙巳翰林，皆第三名举人也。嘉庆戊寅通州周昇，壬午进士；道光辛巳桐城方宝庆，丙戌进士；甲午通州孙铭恩，乙未翰林；丁酉泰兴吴存义，戊戌翰林，皆第四名举人也。推而上之，乾隆丙午三名江浦韩廷秀，庚戌进士；嘉庆庚申四名江宁邓廷桢，辛酉翰林；丁卯三名甘泉李周南，甲戌进士。此皆班班可考者。

道光己酉科，江南乡试，松江府中式二人：解元祝椿年，南汇人；榜尾蔡炳，青浦人也。未入闱之先，有人梦见天榜，姓名模糊莫辨，惟榜中各人名下皆通注松江，甚讶之。揭晓后乃悟榜之首尾皆出松江之兆也。袁诚甫明经璥言。

偶阅《畿辅通志》，内载：“雍正初，直隶平山县农官郭芝兰之子郭见忠，及景州乡民李世奇不取遗金，总督何世璂以事奏闻世宗宪皇帝，降旨褒嘉，赏给八品顶戴，并银五十两，以示旌奖，所以崇廉尚义，革薄从忠，俾天下知所观感也。”因念及先祖奉直公尝出聚宝门，于城阙拾得遗银一封，重七十余两，亟榜之通衢，令失银者来认，说明银数，悉行归还，不受丝毫酬谢。日躬赴城阙原处伺之，如是者月余，失银者卒不至，遂以其银送天界寺粥厂，以充公用。此嘉庆二年腊月事。是年，予始生，叶姑母尝为予述之，亦足征先祖懿行之一端也。

本朝二百年来，三元有二：一长洲钱湘舲先生棨，乾隆己亥解元，辛丑会状，官至侍读学士；一桂林陈莲史先生继昌，为大学士文恭公之孙，嘉庆癸酉解元，庚辰会状，官至布政使，自刻图章曰“古今科第名次十三”。盖三元自唐迄今凡十三人也。予乡胡孟行先生任舆，康熙辛酉解元，甲戌状元，会榜第二，未达者一间耳。胡圣基师云：“先生未达时，尝梦头戴大盔，两手又各执其一。忽有人将其左手之盔夺去，及会榜后，晤其同年会元甘泉裴之仙。大愕，则梦中夺盔人也。”科名有定，信哉！又闻杨衡斋先生云：“康熙辛酉，江南首题‘点尔何如’一节，先生闱作中一段，用‘兵农礼乐’四字括上文，苦无对，正构思间，忽闻空中言曰：‘物序人风’，猛然有省，恰好粘合本题，遂用之，然究不知此四字何所本也。”

迩来东南水患，皆由上游雨水过多，江湖盛涨，江中洲渚丛生，水道窄隘，既不能宽容，又不及宣泄，以致滨江各省，民受其灾。此诚天时地势为之，而非人力所能施也。而江宁省城地当下游，众水交趋，受害尤甚。其本城之水，仅有二支：一由东关入之秦淮，一由北关入之后湖，如是而已。乃议者不揣其本，而齐其末。或归咎于东关，欲尽堵水门而遏之不入，或迁怒于后湖，欲开凿山脉，而放之入江，议论纷纷，迄无定见。道光己酉七月，有为《江宁水患私说》者达诸制军陆公，遂复有永塞东关之议。梅伯言闻之，力持不可为之，指陈利弊，作书致陆公。其略云：“近接敝乡寄到《江宁水患私说》一篇，不知出于谁手，所言颇畅，其中‘元武湖堙，东关制坏’二语尤得要领，惟其言可治者三，除挑浚内河之外，如荡除草鞋夹洲渚及开通海口沉船积沙等语，其意非不善，奈工大费繁，难以集事，仍属空言无补，而于省城切近之灾，所为湖之堙者宜浚，关之坏者宜修，独无一言及此。犹之医者，只尚论病状，而未筹治病之方也。且又闻有议者，专以东关进水为患，将举旧设水门永塞之。噫！是则矫枉过正之所为，而非万全无弊之善计矣。今酌古准今，揆理度势，惟以挑浚后湖、修理东关二策为最妥。请详言之：夫湖，所以潴水也。天下五湖之大者无论已，即如京师之昆明湖，济南之大明湖，杭州之西湖，句容之赤山湖，皆以潴蓄群流，勿令妄泄也。江宁省城有前湖、后湖。明初建都，前湖始填，惟后湖仅存，受钟山以西诸水，设北关入城汇秦淮，以达诸江。建置以来，未闻以湖水为患者。奈历年既久，湖身污垫日高，不能深容，开闸则城内民舍有增水之虞，闭闸则城外民田受淹，水之患畸轻畸重不得其平。道光二十九年水灾，有妄议者，欲于神策门外沿城开河，放湖水西驶入江，不知钟山大龙正脉由白土山跌落平冈，穿神策门入城，起钟鼓楼，尽结朝天宫，余气为城内阳基。开河放湖之说若行，匪特大龙正脉斫为两断，为合城官民之利害攸关，且恐江上诸艘，势可进逼钟山，直捣省城之背，于形势险阻尤大不便，安可轻举妄动？其时，经在籍郎中甘熙遍考诸书，撰《后湖水道考》，白诸当事，力沮之，其议始寝。今拟于冬令、春初水涸之际，集工挑浚，其泥土就近加筑湖埂，及堆高湖心三滩，务令宽深有容，自不至于泛溢。万一大水之年，湖中涨满，则于神策门外近湖之处，设水车廿余架，以辘轳运之。查神策门口，大路仅宽三尺有奇，街之西即系低洼处所。由神策而西为钟阜、金川诸门，久经闭塞，城外沿城一带都是荒地，纵间有民舍，先期出示谕令，暂行迁移，亦不至滋扰。湖水一经运动，旬日间可以力涸，顺城根低处西流以抵下关。以人力之有余，补天时之不足，既无凿脉之伤残，又省开河之耗费，城乡内外，两得其平，事逸而功倍，费省而民安，诚计之善也。此浚湖以戽水之一策也。秦淮自秦迄今，千数百年未之或易，当杨吴开城濠，始分为二，今由大水闸经觅渡桥、长干桥者是也。其一支明初建都城，乃由东关出西关以达之江。自古建都邑者必于泰山之下，广川之上，《管子》言之详矣。在昔，水患不恒见。道光以前，往往议开议浚而从无议堵议塞者。康熙间，诸生金浚有《秦淮水利考》，载于旧《江宁县志》，其原委利病，言之最悉。然古今异宜，贵因时为变通，而补救有方，必折衷于至当。当此之时，频年水灾，民不聊生，固不可泥古而议常开，抑岂可废古而议永塞乎？且水利其常也，水害其变也，苟因目前之患而永塞之，则东关之水，点滴不通，内河渐成平壤。设冬令干涸及亢旱之岁，城内人烟稠密，不下数十万家，既无汲取之资，屡致祝融之患，况沿河居民，日倾粪桶污水，荡涤无从，郁积日增，病症日作。前此道光十一年水灾，曾经堵塞者半载，逮十二年春夏之交，满河之水变成绿色，腥秽四闻，时疫大作，死亡不可胜计，此非明鉴也耶？今平心以处，亦惟以挑浚内河为第一要义。自东关起至西关止，先将秦淮正河一律兴挑，宽处视河身之广狭以定则，深处统以及丈为率，如有余款，再将青溪、运渎诸河一并浚之。水由地中行，横决之患庶可免乎！所有东关旧设木板，闻多遗失无存，此皆从前办理不善所致，无庸追究，应请遴委廉干之员，协同公正绅士重新修整，务令坚厚如式，并请明定章程，责成承办官绅，不时会同查勘。如果山水陡发，即督饬闸夫将各水门一律下板，勿得松懈通流，以资堵御。及水势既涸，或天时亢旱，仍酌量启放，俾资利汲，以备不虞。如此率由旧章，以时启闭，害既不防而利亦不废，正未可以卤莽从事也。此浚河以修关之一策也。刍荛之言是否有当，伏惟执事采择行之，幸甚！幸甚！”此篇文字深明地势，曲体人情，关系全城，非浅鲜也，特录之以质知言者。

近来，吾乡人文大减。庚戌会试、辛亥顺天乡试，上江两邑应试者皆脱科。本年壬子会试，入闱者几五十人，仅中许宗衡一名，虽籍隶上元，而其家属则寄居扬州府城内，是江宁省城究无一人入彀者也。或谓都中会馆不佳，意欲改作。然会馆为萍踪所集，吉凶不足为定论。其实自数年以来，堵塞东关、后湖水闸，将来源胎水涓滴不通，以致如此。有识者固深痛其非，而谬妄作俑之徒，且以御水为词，牢不可破，此真可叹也夫！

卷十

江宁省城大龙正脉，由钟山穿街，起仓山，历兴武卫，过舍儿冈，起一线天嘉善寺，过铁石岩，起北固山北一支，起观音山，锁本身峡水南行，起幕府，由白土山山顶有善司庙，跌落平冈，走康家湾山、靖安道，入神策门，沿城行三里，东分一支，起北极阁、鸡鸣寺，与覆舟山对峙，为后湖水口，西行至鼓楼冈，接钟楼，发小仓山龙窠至天主堂、铁塔寺仓至冶城山，尽于朝天宫，余气铺展结学宫。凡青溪以西阳基，如司道府县各衙署，及贡院考棚皆系于此。蒋绣岑所著《金陵诸山形势考》载之，语极明析，谓“后湖之水通秦淮，出西关，归大江，为钟山随龙养荫真正胎水，断不可旁泻”，又谓“神策门外大龙正脉入城之处，当六朝时曾经凿断，引后湖通江，故百余年间屡遭杀戮，至明初建都，始复其旧，最忌开凿”等语，真所谓深切著明、万世不刊之定论也。道光壬辰冬，先中宪公将是书刻以传世，俾居是邦者，知要害所在关系全城，相与维持保护，不致为浮言煽惑，有无知妄作之举，贻害生民。思患预防，盖有深意存焉矣。乃辛丑夏，江潮泛涨，城中积水为患。里中有妄议者，不揣其本而齐其末，嚣嚣然独归咎于后湖，忽有开山凿脉、引湖入江之议。当是时，方伯成公世瑄惑其说，将举行矣。予时读《礼》家居，亟将家刻《诸山形势考并辑后湖水道略》一篇，由予友方伯雄编修转呈于成公，议乃中寝。逮至戊申、己酉两年，复连遭水灾。前议忽又大炽，并有河身深阔俱及五丈之说，拟自神策门外湖边起，循城西行十余里，以达下关，所有沿途田庐、坟墓，概行毁掘，略不之顾，意欲使后湖之水倾泻无余而后快。时正岁杪，制府沔阳陆公在袁浦未回。方伯杨公文定莅任未久，遽允其请，派令委员协同承办司董，齐赴城外丈量、插桩定志，将于开春动工，有岌岌乎不可终日之势矣。非常之原，黎民滋惧，以致阖城士庶人心惶惶。三学诸生不期而会者一百余人，奔赴藩署公呈阻止，而事不获已，意在必行。次年庚戌正二月间，两邑计偕者接踵来都，具道其详。同乡京朝官闻之，靡不震骇。范小云侍御将具弹章入告矣。未几而南信至，始知正月杪，制府陆公回省城。方伯入见，首以此事面陈。陆公勃然变色曰："此何等事？敢轻举妄动耶！"杨公意大惭，泪唯唯而退。次日诘旦，陆公率僚属及董事等出城履勘，登高四顾者良久，指示大众曰："此乃正脉入城之处，关系全城大局，万万不可挖动，利不可知，害必先见。我等忝居民上，纵不能为地方兴利，岂敢贻害将来？"自是而狂议顿息，不啻死者复生，危者复安。嗣闻，邵阳魏刺史源，深知江宁创议开山泄湖之事，大以为妄。适陆公道过扬州，遂进谒，力陈不可。陆甚韪其言，则其力排浮议，实自魏君之一言启之，其造福抑无穷矣。

家祺仁兄，为何大司马雨人先生在神策门外四百村十方庵侧相度佳城，葬其德配郑夫人，并留昭穴为先生寿藏。其结穴处，土坟而起，初疑为旧冢，掘土三尺余试之，得方砖二块，合藏于其中，启视有朱文隐隐在焉，曰"顺治三年，周石氏助钱九千九百九十九万贯”及“左青龙，右白虎，前朱雀，后元武，福寿康宁”等语，又有葵花小铜鉴一枚，青绿可爱，兄取而宝藏之。据土人云，本为庵基，盖当时善信施舍者所为，埋之以祈福者。

偶读纪文达《笔记》[①]，载京师一民家停柩遇火，无路可出，乃合家男、妇于室内掘一坎，置棺于中，上覆以土。坎甫掩而火及，屋被焚，棺竟无恙。此亦应变之急智也。因忆及壬寅六月，夷船入江，省城人心惶惶，迁徙者众。时周西瀍同年之太孺人，病卒于家，仓卒间未能出殡，而久停在家，心愈不安，遂与其昆弟熟商，就宅内挖坑舁柩坑中，以土揜之。逾月事平，乃迁葬先茔焉。与纪公所记事不同，而情则一，皆孝子处万不得已之时，善行其变者也。

《帝里明代人文略》二十四卷，国初上元路青岩先生撰，上起帝胄，下迄隐沦，各分宗系为之传。前明三百年间金陵名士大夫文章事业出处源流，了如指掌，而于忠荩之臣，笃孝之子，隐德之翁，苦节之母，尤三致意，盖其风世也深焉。先生讳鸿休，字子仪，晚号青岩逸叟，崇祯间诸生，于书无所不窥，老而笃学不懈。家贫，卖诗画以自给，八十外始作是书。时有汪萧冈先生梗为莫逆交，汪藏前明耆旧著述甚富，举借以资之。尝质衣购纸笔，至严冬不能备絮袄。阅四载，书成，其年八十四矣。其以帝里称金陵，本晋王导语。先生自序详言

① 纪晓岚，原名纪昀，字晓岚，一字春帆，晚号石云，道号观弈道人，清代政治家、文学家，乾隆年间官员，任职50余年，谥文达，曾著《阅微草堂笔记》。其诗文经后人搜集，编为《纪文达公遗集》。

之。书成后未尝付剞劂。昔周明经青山藏有钞本，为句容裴氏携去，后毁于火。先中宪公访求多年未获。庚戌岁，祺仁伯兄于同里费澄之文学家得之，遂以活字板集印，以广其传，将初印本寄京，命加详校，展读匝月，心神为之开朗。先生以韦布儒生网罗散佚，俾胜国陪京文献，旁掺博采，蔚为大观，洵有功名教，非徒备一乡之掌故已也。而书成于康熙癸未，迄今一百四十五年，始大行于世，其殆久而愈光者乎！其中所载先贤遗诗甚夥，世罕传闻。予友朱述之司马辑《金陵诗征》，广为搜访，大费苦心，当以是资之。

先祖妣龚太恭人墓在江邑朱门乡史家村松山，嘉庆丁丑四月安葬，先妣阮太恭人祔焉，距先祖中宪赠公墓二十里。先是，先严中宪公以窀穸未安，跋涉不避寒暑，艰苦备尝。灵谷寺志公肉身塔求签极灵，尝斋戒沐浴礼塔祷焉，得签云："浩荡朱门白日开，温毡重席待君来。"是夜遇雨，假宿庙中，忽感志公示梦，未几得是地。山川形势，恍若梦中所见，信纯孝所感，天诱其衷也。葬后，以距城道远，拟于松山侧，仿照灵母山前先祖享堂规制，增建墓庐，名曰朱门丙舍。咸丰辛亥初春，伯兄来书，述及距墓半里之张家村购得屋基，广拓祠宇，凡门堂、神龛、楼厦、库湢之属悉备，以为子孙祭扫驻足之所。至是而先志成矣。甘泉徐来峰宫赞玉丰撰《记》，黄陂金可亭侍讲国均书碑，刻石于堂庑下。《记》云："今天子嗣位亲政，诏举诸臣之才德出众者。同年甘实庵农部熙，以才优守洁，兼晓堪舆，获与上召。询所学，举庭训对。盖我年丈朝议君，究必斯术专门名家，尝遴刻古地书善本，刊订讹谬，明示准的，藏诸津逮楼，为不朽之业。至是上达宸聪，显扬莫大焉。初，朝议君卜地葬亲，跋涉无间寒暑者十余年。嘉庆己巳，得江邑归善乡西板山吉壤，葬奉直君墓侧，建亭堂并置祭田，事具载桐城姚惜抱先生撰记。岁丁丑，又以诚祷灵谷寺塔神，感示梦得朱门乡松山兆域，葬龚宜人即实庵之大母也。实庵母阮恭人，生有孝德。龚宜人尝谓：'子妇四人百年后谁相从者？'时阮恭人侍曰：'诺。'丙寅、戊辰间，果相继逝，遂祔葬于斯。顾享堂未及建，朝议君遽下世，实庵兄弟愀然念之，乃于墓北张家庄治宅规画。视西板山为屋三重，后辟楼六间，翼以两庑，缭以周垣。户南向，与墓直仅里许，从朝议君旧题曰'朱门丙舍'，并于其地买祭田百余亩，以岁所入供祭费，归奉直君以下子孙掌之。是举也，三善备焉。成先人未竟之志，一也；妇祔于姑章母孝而不合葬，二也；仿宋儒影堂遗意，室中设神位而不以墓祭虚拘，三也。岁时信宿墓门，与亲相依如一室。古有三年庐墓者，今则终身焉已。甘氏居金陵自东晋始。于湖敬侯之墓山曰甘墓冈，里曰甘泉里，村曰甘村。聚族环墓居者数百家。朝议君昔修其茔，创立专祠，而其喆嗣林立。笃于所生以妥以侑，又如是其精详，则乡之人谓士大夫敦根本重土著，不忘其亲，莫甘氏若矣。实庵伯兄祺仁大令煦，今年二月于里中经始缔构，期于明年三月落成，书来京师，属余为文，而实庵适邀异数，将见用之家者，可复用之国，竭其志虑，以襄巨典，兴要工。夫孝始于事亲，中于事君，天报亦岂有异哉？爰述此，为君兄弟卜朱门佳谶之征，且愿告后之能继志者。"其中楹帖，温明叔宗丞葆深云："两世壸仪昭翟茀；千年遗荫被松楸。”何雨人大宗伯汝霖云:“异梦述宝公,阴地全凭心地得;遗规仿灵母,前人幸赖后人成。”又湖北张古虔广文中寅云:“妇祔于姑,孝思克慰;子承厥考,前志用光。”皆造语天成,移掇他处不得。后世子孙其永保诸。

寿昌字湘帆,一姓俞,江宁驻防,满洲人,道光乙未举人。前御史李君松年,其外舅也。戊戌春,偕予北上,胆甚恇怯,临水行江,惶恐至废寝食,舟子患之,予惟善慰之。抵瓜洲,乃舍舟而陆,徒步至袁浦,渡河登车而后安。有老仆苏姓跬步不少离,真良仆也。家贫力学,精时艺、诗赋,书法亦工,尝课于惜阴书舍。山长吴和圃编修存义极赏之,目为隽才,奈甲辰新令驻防改习翻绎,旧科举人不准会试,遂数科不果来,及己酉,始由举人捐笔帖式,分工部学习,奏准照小京官例,一体会试。今年庚戌会闱,得中高魁,出于何编修桂芬之门,三艺全刻,其名大噪。殿试二甲,朝考一等二名,改庶吉士。信文章有价,名下无虚矣。是科,江宁一郡应试者六十余人,竟无一获隽者,而俞君独翘然特出,不亦难能而可贵哉?

先中宪公尝谕熙等曰:“古人族葬之法最善。昔方灵皋先生与兄百川、弟椒涂两先生合葬一穴,真能法古者也。汝二叔父一生孝友,事兄如父,先予而卒,耿耿不忘。予百年后当与汝二叔父合葬,其谨识之,毋违予命。”道光壬寅仲冬,仰承先志,乃合葬于句容琊琊乡杨柳山西原之新茔。其山之西南为宣城梅文穆公墓,遥遥相对,而华山之旁有张家冈,去墓仅里许,有古冢,乃明季检讨汪文毅公暨耿夫人殉葬衣冠之处,载于国初路子仪先生所撰《帝里明代人文略》中。郡志虽载之，而其地未详焉。愚兄弟将于先茔之侧建享堂，以奉先中宪、先孝子两公木主。绩溪胡竹村先生培翚与先中宪公友善，尝求撰记矣。今于都中求名手撰书祠联，道州何子贞编修绍基一联云："修于家，式于乡，扬于朝，风斯古矣；生同胞，葬同穴，祭同室，礼亦宜之。"扁额曰"山高水长"，按切本事，简古可诵。甘泉董醞卿民部醇一联云："梅氏拜遗阡，知两家地理天文，心源默契；汪公瞻故冢，信千古忠臣孝子，精爽同昭。"此联汪梅二公天然衬笔，毫不穿凿，尤为十分亲切。先灵有知，当亦闻而含笑也已。

明人集书《四十二章经》，连经首共四十三段，人各一段，自大学士张居正起，至六止居士周天球止，凡四十三人。石刻在金陵摄山般若台下，年久漫漶不禁，有抱残守缺之嗟矣。道光癸未，先中宪公得拓本完整如新，犹故明初拓本也。时邓嶰筠先生以江西布政使因事谪归，恒相过从，见之喜甚，谓宜集近人善书者，重刻以复旧观，并欣然书首段见遗，为之倡始。自是，诸乡先辈及宦游寓公，以次集书，凡得六段。甲午春，先中宪公弃养，事遂中辍。癸卯，予谒选入都，载之行箧，遍求日下诸名公褒集，逾八载而始毕，炳炳烺烺，各体具备，明人旧刻固不得专美于前也。异日者重勒山中，可补吾乡金石之阙，而先人未成之遗志，亦于是乎大慰矣。岂徒结一重翰墨因缘云尔哉！

直省府州县学皆设立明伦堂，而吾乡上元、江宁两学府，旧为明应天府学，其堂独曰"明德"，与他学不同堂额。三大字为宋文丞相天祥书。按文公尝知建康府，或即其时所书，然不可考矣。堂凡五楹，规模宏敞，年久未修。近年水患频仍，墙宇倾欹，愈难支拄。本年四月，江宁邑侯桐城方公传书亟筹款修之，遴请文学胡君沛、章君泰履及耆仁家兄董其役，三月而告成，美轮美奂，尽复旧观，仅用大钱一千五百余缗，费不虚縻，功归实济，信非得人而理不及此。而其时方公以贤能报最，已擢通州牧，将启行矣，乃殷殷以兴废举坠，崇儒重学为念，无一毫诿卸之私，亦斯时之良有司矣。堂后为尊经阁，阁后有土阜。其上旧有敬一亭，登之可以瞰远。嘉庆间，方伯康公基田所建。形家谓学宫乾巽向乾方，来龙宜高，故以亭峙其巅，前人立制甚善。十余年前亭圮，此次因费不给，弗克同时修复，尚为遗憾。近科以来，两邑文风迥不如前，本年会试又脱科，未必非风水使然，复旧迹而振新之，是所望于有心者。

陈伯敏比部鲁，未达时尝习名法之学，道光庚子成进士，以主事分刑部，论者谓用当其材。丁未授提牢，期满补主事，复充提调，行将膺京察上等矣。熟谙律例，能耐劳苦，其谳狱也，以矜慎出之，惟恐弗当。大少司寇，咸倚重之。尝有以轻罪而加以重谴者，就而谋之，坚持不可曰："近世治狱虽明允，未必逮古人，然国法具在，必平情审度，求其情当而即止，苟以人之罪名，稍迁就于其间，以合上官意旨，其如子孙何？"从叔曾祖中丞公步瀛及其从伯祖继堂公廷硕，皆尝为刑曹，今称职若此，洵可谓不坠家声，克昌厥后者矣，孰谓李官[1]易为也哉？

朱述之司马绪曾，庄恪公桂桢之从父也。自幼聪颖过人，

① 李官即理官，古代的法官，"李"通"理"。

读书目数行下，有神童之目。道光壬午，年十八领乡荐，屡上春官不第。乙未大挑知县，分发浙江，其需次日也，公暇辄散步城隍山书肆，搜访古书，孜孜不倦，见善本即假归，命僮仆分抄之。又获读西湖文澜阁钦颁四库书籍，乐此弗疲。同僚多非笑之，不顾也。以是，学愈邃。丁酉、癸卯、甲辰乡试，迭充房考，尽心校阅，所得多知名士。金陵古称都会，自六代迄今，其间名士大夫著述多散佚，向无裒而集之为一书者。君旁搜博访，得古近体诗数万首，分门别类，都为一集，曰《金陵古今诗征》，诚巨观也。厥功伟矣！庚子，予修《灵谷寺志》时，君亦读《礼》里居，考订异同，得其资助居多，生平益友，君其一也。客岁，由嘉兴令擢台州府同知，可见士君子循良报最，公道自在人心，正不若风尘吏之所为也。

江宁徐母张孺人，性贤淑，事翁姑极孝，遇亲族有急难，辄解囊赒之。生平敬佛，喜茹素。素有脚气疾，间月即发，屡至病剧，时卧枕畔，朗诵《金刚经》全卷，声彻阃外，宛若梵音，诵毕安睡如故，其病顿廖[①]。家人问诵何经，又茫然不自省也。年及四十，旧疾大作，诵经数日而卒。殁后面目如生，异香满室。当其未病之先，虽喜奉佛，初未尝识字读经，而独于病发垂危时，辄喃喃诵《般若金经》三十二分全卷。事非素习，如出梦中。此盖宿有善因，生尽孝道，神明有默相其中，不可思议者乎！喆嗣三人：长春鸣，候选训导；次庆昌，己酉优贡，充官学教习。棣萼联芳，方兴未艾，信母德所至云。

① 当为“瘳”。

予房师剑阁唐黼卿先生，官江苏垂三十年，所在多善政，著有《宦游纪事》一卷。偶阅所载丁酉科分校之事，甚异。其详曰："道光丁酉科江南乡试，予再与分校，所居左经房与同乡王立斋邻。一日，立斋忽喘息来谓予曰：'君所阅有羊字号卷耶？可速检阅。'予询其故，则曰：'此卷当得元。'余问何以知之，曰：'顷神疲隐几假寐，恍惚过君门，庭户一新，巍然若大庙，入庙中，闻柜内有声甚厉，蓦然一羊跳出，飞龙变化之象也，想元卷为君得矣。'余亟检查荐卷底簿，果有羊字号卷，已先日呈荐。然犹疑信参半，及填榜拆封，解元江阴郑守庭名经，果即予房羊字号卷也，乃共叹梦兆之奇。噫！文字因缘，针芥相契，当余呈荐郑君时，最爱其文洁体清，语皆名贵，决为笃学敦品之士，孰料冥冥中早以第一人位置。而余与立斋为莫逆交，余之事而彼乃梦之，益可见神明通于寤寐，而信朱衣点头之说之不诬也。是科锁榜，江宁甘石庵亦出余门，同事者以龙头龙尾并出一房为难得云。爰敬谨录之以志香火因缘，固非偶尔者矣。"

右二十六则，从先仲父观察公《日下杂录》中择出，以皆关系金陵掌故也。先仲父自道光壬寅入都，官郎署十一载，退食余间[1]，手不释卷，又获与当代贤士大夫游，凡所睹记，随时掇录，手稿至十五卷之多。惜前四卷经乱散佚，无从摉[2]补，窃为遗憾。今《白下琐言》授梓有日，因取择录者编次，厘为二卷附焉。光绪十有六年六月朔，从子曾沂敬识。

---

① 当作"闲"。

② 同"搜"。

跋

先仲兄闳博耆古，颛意经世之学。年逾彊仕，始得释褐。郎官十稔，莫展厥蕴。山陵一役，廑酬夙知。王眷方隆，臣躬已瘁。邦国所嗟，时论搤腕。早岁里居，耽志掌固。生长都会，游止鳞萃。长德巨公，风流弥劭。承平文宴，饫闻绪论。睹记日多，笔劄尘积。《白下琐言》，此其一也。同治、光绪之交，踵开郡邑志局，授求遗籍，百不获一。嘉道前事，茫如堕雾，何况寖远，传闻异辞？朱北山丈谓"以一代之书，考一代之事，确实可据。"韪哉！斯言其事！诸子索观是帙，佥云翔备，甄录最夥，于焉征信，洵乎不诬。慨自名城沦陷，欻忽星周；邦族言归，井里非旧。故家乔木，未几而夷为丘墟；栾却名族，亡何而降在胥隶。读未终卷，感从中来。抑元焕幼而懵学，辱荷友于邸书月至，期诲肫切。今者侵寻鬓雪，老大蹉跎。揽憔悴之荆华，同气仅余弱弟。梦池塘之春草，夜床忍诵遗诗。烎[①]后楹书，轩前片石，怅触今昔，能毋哽咽？乌乎！兴衰系之气运，太息洛阳园林之篇；纸墨化为烟云，胜读《春明梦余》之录。岁在重光大芒[②]落腊月朔，弟元焕谨识。

---

① "烎"，同"烬"。

② 应为"荒"。"重光"即天干，辛；"荒"即大荒落，系地支，巳。古以干支纪年，重光大荒落即辛巳。

跋

先外祖甘石安先生《白下琐言》八卷，续二卷。外舅幼石公归自邸第，遽赴道山。妻兄木君茂才藏稿其家，间出见视。晏相凿楹，眷武子之世德；郑堂写本，付小同之珍綘。奉手泽而如新，未沦兵火；缅典型其宛在，景印老成绳祖。受而读之，不禁憬然思，皇然感也。先生禀笵经苑，掉鞅词坛，早及姚惜抱、孙平津之门，憀乎独袌，卓尔作家。一时平原兄弟[①]，郁为文栋；万卷津逮彝鼎，结其古欢。秋赋应龙尾之占，春宴篴螭头之步。朝市大隐，梦回阙北觚棱；儒林丈人，身备江东文献。溯厥生平，雅耽纂述。擅茂先之博，济公彦之勤。矞戢忘劳，岁月逾富。搜[②]二千年金石遗音，补欧赵所未录；传十六代青岩绝业，萃穷达而在兹。臣鹄子鹄，大书黉宇之珉；偎乎忾乎，式续于湖之牒。屏风岭古，佛火留青；襄水躅高，浑天阐秘。郎署清暇，记日下之杂闻；寿石高轩，弆茂陵之遗稿。固已传之海内，藏

① 平原兄弟句，“平原兄弟”一指曹丕、曹植兄弟，曹植曾为平原侯。《诗品序》：“曹氏父子笃好斯文，平原兄弟，郁为文栋。”一指陆机、陆云兄弟，陆机曾是平原内史，兄弟以诗文名。

② 同“搜”。

在名山，而是编事综乡故，体别方言，本罔罗放失之思，具上下古今之识，远溯六朝以往，近讫嘉道而来。仿襄阳耆旧之传，而谊主幽潜；迈孝侯风土之书，而详稽利病。条山络水，沿革乃问于已经；淮雨别风，丹青必刊其由误。黄车使者，陋小学于虞初；青溪小姑，斥谰言于齐语。于以荟蒋茅之典录，补史乘之阙文。读者采榦邓林，网珠渤澥，匪仅佐麈谭、资骚屑已也。卷端旧有方、梅两先生作。吟柏岘[①]之诗章，莼鲈未忘乡味；诵暖春之序简，魂魄犹念家山。叹先正之云亡，会邦族之言复。访畴曩钓游綦履，续郡邑志而信有足征；作吾乡桑梓敬恭，合金伟军先生《待征录》朱述之先生《金陵诗征》书而并传不朽。昔人不云乎：一乡之文献不传，后死者责也。是用亟授筑氏，诒厥方来绳祖。亭旁载酒，忝甥馆之末班；阁上听秋，饫祖庭之遗训。识惭蠡管，名附骥旄，端牍缀辞，有厚幸焉。孙婿傅绳祖谨跋，时光绪十有六年，岁在上章摄提格，日躔寿星之次。[②]

① 梅曾亮，字柏言，有《柏枧山房文集》。此处“岘”字疑为“枧”字之误。

② 古人以太岁纪年，“上章”为甲，“摄提格”为寅，其意即光绪十六年是甲寅年；古人以十二星次记月，“日躔寿星之次”是八月。

跋

右《白下琐言》十卷，吾乡甘石安先生之遗著也。先生为述从外大父行，博学多识，熟于乡邦文献，纂为此编，足媲前人《金陵琐事》、《金陵私乘》诸书之长。家有津逮楼，藏书最富；同时，复假朱氏开有益斋秘笈，以相订证。书瓻往还，几同置驿，故其所著述，能淹洽若此。述[①]尝慨夫国家盛时，政教循轨，士夫学者，各尽其职业，而恒有余暇以事其纂辑考订之能，所谓太平之日，舒以长也。至于衰世，则人皆有忧生念乱之心，以夺其诗书几席之好，卒卒鲜暇，而老且惫矣。若夫彝鼎图书之嗜，贤者或訾为玩物丧志，而不知古人精神所寄，往往质疑订坠，有不可思议之功用。居今日而言古学，殆有不能已者。金陵自粤匪之乱，朱氏之书已沦劫火。津逮亦靡有存者，先生独能于丧乱之先，从容纂述，俾后人受而守之，由今以思，抑岂非盛幸耶？仲琴表弟欲印是书以饷同好，属书跋语，因举所欲言者归之。丙寅六月，江宁邓邦述谨跋。

① 本文作者自称。

跋

吾乡甘实庵先生所著《白下琐言》八卷,《续言》二卷,于金陵山水脉络,乡老遗闻轶事,暨善恶劝惩,有裨风化者,言之綦详,洵乡邦文献不可少之作也。光绪中叶,傅君崧生刊印流布。辛亥兵事起,板片散失。越二年,陈君荣之于旧书肆中见之,告甘君仲琴辗转购归。仲琴,先生之从孙也,检原板缺十八页,授梓人补刻,属予识之卷末。予自癸丑来,关于乡里慈业,与仲琴共事久。仲琴中正和厚,不为苟同,爱乡土之心,至真且挚。予敬佩之,《书》之《酒诰》曰:"厥土物爱,惟心臧。聪听祖考之彝训。"[①]大凡人能爱其乡土之物,则其心所守者,正未有不日趋于善者也。此古代相传之语,风俗纯厚所由来。祖考彝训,正在是耳。《诗·行苇》之首章曰:"敦彼行苇,牛羊勿践履。"《小弁》之三章曰:"惟桑与梓,必恭敬止。"予反复诵味,憬然有悟温柔敦厚之旨:一苇也,而不忍其践履;一桑一梓也,而必矢其敬恭。古之诗人忠厚悱恻,对于乡土草木,细微用情尚如此,而况先代著述有关乡邦文献之荦荦大者乎!仲琴以原板失而复得喜出望外,抱残补阙,珍重庋藏并印饷新朋,冀垂久远,予又以知甘氏诸先德诗书孝友之遗泽,渐渍者深,岂独是书永永流传已哉!爰书此以归仲琴。丙寅六月同里后学魏家骅敬跋。

① 引文有误。原文是:"惟土物爱,厥心臧。聪听祖考之遗训。"

跋

右甘石安先生所著《白下琐言》十卷，关系于吾乡文献者甚巨。光绪中叶，傅崧生君刊行，辛亥残失。先生从孙仲琴补刊，复完其初。因念先生著是书时，距今不及百年，而目想当时风俗敦庞，士君子勤学好古之状，不啻神游于三代以上。何世运之易变一至于此？假使再越数年，不知沦夷又复何似，不禁动吾无涯之感也。丙寅六月，同里后学仇继恒敬跋。

《续纂江宁府志·人物传·文苑》

甘熙，字实庵，江宁人。少颖悟，善属文。年十七补县学生，道光十八年领乡荐，十九年成进士，以知县签分广西。二十二年家居，以预海防保卫事平议叙改官郎中；二十三年签分礼部仪制司；二十七年选户部广东司兼云南司主稿。时粤西方用兵，度支告亟。熙殚心综画，请罢不急之务以充馕需，条举京东水利屯垦事宜以固本计。尚书华阳卓文端侍郎、常熟翁文端总部事交章荐其才可大用。两蒙召对，记名繁缺知府。咸丰元年，随同定郡王载铨、内务府大臣基溥、工部侍郎彭蕴章，赴东西陵周览行胜，奉命相吉地。熙谨视得成子峪、府君山，具图说以进。会改卜昌西陵，工成，记名道员。二年，再奉命复勘魏家峪、平安峪。差旋，以微疾，三日卒于邸舍。熙博识强记，勤事纂述，与同里金鳌、朱绪曾善同搜辑乡邦文献，证析异同，著有《忠义孝弟祠传赞》、《白下琐言》、《灵谷寺志》。所为文详赡典雅，切中事理，而于一方利病尤所究心。禁青龙诸山开采，浚秦淮支河，皆有论著。道光中水灾，议开后湖通江。熙力持其不可，撰《后湖水利考》以止之，事遂寝。洎官辇毂，获交当代名德，自朝章、政典、民俗、沿革暨嘉言懺行，随所睹记，录成巨帙，曰《白下杂录》。尤耆金石，辑三代秦汉以下彝器、珉石、题咏之作，为书四十八卷。道州何绍基叙谓“金石文字，以有韵者为重，且先《春秋》之三传、《礼经》之记、《尔雅》之训诂，半皆韵语也。事归翔实，义兼讽咏，无过是书”。子城均编集遗稿，仅存《寿石轩诗文集》八卷藏于家。